HOGUPILA WORKOUT

ほぐピラ

WORKOUT

CHANGE YOUR BODY

「ほぐす」＋「ピラティス」が
いちばん痩せる！

YUKA HOSHINO

星野由香

KODANSHA

体の小さな変化を
感じましょう。
その変化が積み重なったとき
必ず美しいボディラインに
変わっています！

はじめに

みなさん、こんにちは。パーソナルトレーナーの星野由香です。
私の仕事は、フィットネスを通して多くの方を元気で幸せな人生に導くこと。
そんな指針のもと、活動しています。
私に何ができるのかを模索しながら、
お客様やＳＮＳのコメントからたくさんのことを教わっている毎日です。
そんな私ですが、実は小さな頃、体の感覚がとてもにぶく、
何をやるのにも力まかせで動いていました。
その動きのクセのせいか、ふくらはぎがもりもりと太くなり、
入社したフィットネスクラブでは、ボディビルダーの先輩に
「いいふくらはぎをしているね」と言われ、それがコンプレックスになりました。
私と同じフィットネスの仕事をして体を動かしていても、
脚が太い人も、細い人もいる。
体の動かし方のパターンで今の体型がつくられていることを実感しました。

そんな経験を通し、誰でも同じようにキレイになるための方法を考え抜いて
生まれたのが、筋肉を「ほぐす」と「鍛える」を同時に行う「ほぐピラ」。
ローラーなどの道具を使って体を深部までほぐしながら、
同時にピラティスの動きで体の奥にある筋肉を鍛えていきます。
一見小さな動きに見えますが、体への影響はとても大きいのです。
「ほぐピラ」をはじめた多くの方が、脚の形や首の位置が変わり、
ご自身も驚くほど、美しいボディラインに変わっていきました。
本書では、ほぐすのに効果的な突起つきローラーを使用しています。
でも、道具がなければできないわけではありません。
タオルやラップなど、家にあるものを使って行ってみてください。
まず何より「はじめる」ことが、体を変える第一歩。
そして、気持ちいい？　痛い？　動かない!?
どんな小さなことでも体の変化を感じてみてください。
それを積み重ねることで、必ず体は変わります。
多くの方にこの本が届き、
みなさんのボディメイクに役立ちますように。

私たち、ほぐピラに夢中です！

“ほぐピラは一生寄り添っていくパートナーのような存在です”

美容家

神崎恵さん

profile

1975年生まれ。美容家。イベントやメイク講座、コスメブランドのプロデュースなど幅広く活躍。著書は『神崎CARE』（ワニブックス）ほか多数。
Instagram@megumi_kanzaki

その美しさからライフスタイルまで、今、多くの女性が憧れる美容家・神崎恵さん。そんな神崎さんが「ほぐピラ」に出合ったのは1年半ほど前。今でも「毎回発見がある」と言います。

「ほぐピラのレッスンを通して、今までうまく動かせていると思っていた部分が全く機能していなかったのを知りました。今でも毎回、いかに自分の体を使えていないかを痛感しています。星野先生は筋肉をほぐしながら、使えていない部分をひとつずつ丁寧に開通してくれる。こんなトレーニングははじめてです」

ボディメイクに関しては星野先生と理想のボディ像を共有。

「ヒップはもう少し高く、ウエストの位置は少しずらしてなど、こと細かにリクエストをしています。自分がなりたい体をオーダーメイドでつくっていけるのは、ほぐピラの最大の魅力です。私は現在45歳、これまでに出産を3回経験しています。想像をしていなかったようなところについたお肉を見て見ぬふりをしていましたし、子育てや仕事で、毎日体は疲れるし、頭の中はパンパン。そんな私がほぐピラと出合ったことで、より理想のボディラインに近づくことができ、心も体もクリアに変われた。この年齢でそれができたことが、とても自信になりました。仕事もプライベートもやりたいことはたくさんあります。心と体を健康に保つために、そしてボディをさらに進化させるため、ほぐピラはずっと続けていくのだろうと思っています。一生寄り添っていくパートナーのようなものかもしれません」

ほぐピラはもう生活の一部。はじめれば誰だって変われる

最近、痩せた?美しくなった?と、SNSをざわつかせているお笑い芸人EXITのりんたろー。さん。その驚異的な変化の秘密は「ほぐピラ」にありました!

「はじめは動きが地味だし、イボイボのローラーは痛いし、何コレ?本当に効くの?って半信半疑で。でも、1回で姿勢が変わり、1ヵ月くらいから首が伸びて、背中がまっすぐになってきて、変わってきたぞと思いました。その頃からファンの人たちがSNSに数ヵ月前の写真と今の写真を並べてくれて、こんなに変わったのかってビビって。逆にオレ、こんな丸い背中でよくカッコつけてたなって思いました(笑)」

今も毎日、自宅でもほぐピラを実践中。

＼ 2ヵ月後 ／ SIDE

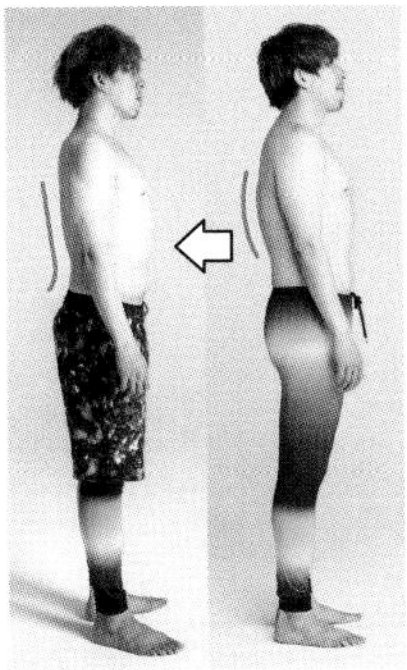

＼ 2ヵ月後 ／ FRONT

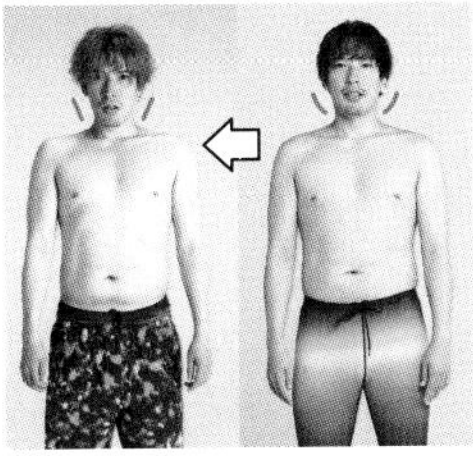

ぶよぶよだった胸やお腹に筋肉の線が出現。お尻の位置が上がり、背中の丸みがとれ、前に出ていたあごが正しい位置に戻り、小顔に。

「ほぐピラはもう生活の一部。家でもやるし、トレーニングに行かないと不安になるし、星野先生にほめられるとその分だけ鼻高々で、がんばれる(笑)。先生は体だけじゃなくて心にも寄り添ってくれるんす。オレ、いいこと言った(笑)。体を変えるのが目的だったけど、最近オレ、健康だなって思います。毎日緊張で眠れなかったけど今は疲れたらすぐ眠れるし、目が開きやすくて視界も明るいし。誰だってはじめればキレイになるんだからやらない選択はないっしょ。みんなも今すぐ、ほぐピラ、ヒュイゴーー!」

お笑い芸人

EXIT りんたろー。さん

profile

1986年生まれ。2017年末より兼近大樹を誘い、お笑いコンビ「EXIT」を結成。ネオ渋谷系チャラ男漫才と称するしゃべくり漫才のツッコミを担当。ネタ作りも担う。Twitter @rinnxofficial

＼ ゔわーっ ／

“体のラインがキレイに浮き出て自分の体を見るたびに感動♡”

モデル・タレント

谷まりあさん

profile

ViVi専属モデルほか、ハイブランドからのオファーも絶えない。またバラエティ、ニュース番組等、TVメディアでも活躍。Instagramはミリオン超えのファンを抱え、スタイルアイコンとして年代や国籍を問わず支持されている。

「今、ほぐピラに夢中なんです」と言うモデルの谷まりあさん。「毎日でも星野先生のトレーニングに通いたい」と大絶賛。

「先生の指導でほぐピラをやってみたら、運動はできるほうだと思っていた自分には衝撃的なくらい動かない筋肉や、感覚が行き届いていない部分があって驚きました。また、ほぐピラを通して、自分の体全体を見るよい機会になりました」

星野先生のほぐピラは「体と会話し、自分を知る時間」と語る谷さん。レッスンを受ける中で、体との向き合い方にも変化が生まれたそうです。

「先生はまるで魔法使いのようです（笑）。ちょっと体を触っただけで、どこのトレーニングを必要としているかがわかります。ほぐピラをするようになってから、自分の体をもっと大事にしたいと思うようになったんです。それに体の疲れをちゃんと感じて、休みをとれるようになったのは大きな変化ですね」

レッスンの回数を重ねるたびに体がみるみる変わってきて、ますますほぐピラに夢中になっているという谷さん。

「鎖骨がキレイに見えるようになったり、腕に筋肉の線が出てきたり。もともと自分にあったはずの忘れていたラインがキレイに出るようになってきて、体を見るたびに感動しています。ほぐピラは自分の体を知るための大切なツール。そして、自分の体を知ると、何もかもこんなにうまくいくきっかけになるんだ!と気づくことができたのも、トレーニングのおかげです」

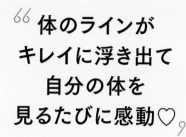

お腹　二の腕　首　妊娠線……

ほぐピラでこんなに変わった！

ほぐピラはただ痩せるメソッドではありません。
なりたい体をつくっていくのがほぐピラ。さまざまな悩みを解決した方の
変化と喜びの声のほんの一部を紹介します！

お腹

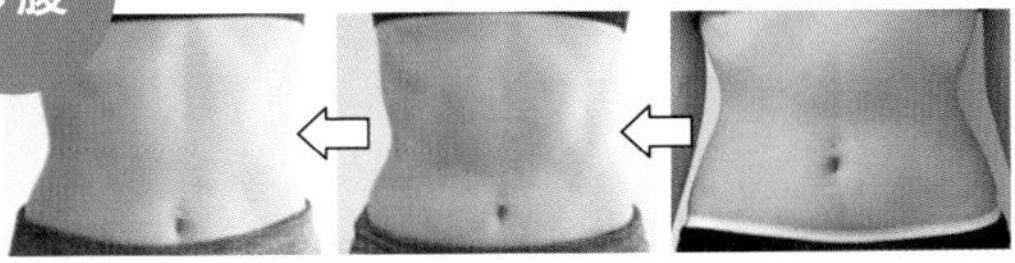

たった3回のほぐピラで お腹が全体的に引き締まって縦線が！（30代・女性）

下腹が出ていてずんどう体型が悩みだったのですが、ほぐピラをやるたびに、ウエストがキュッと締まり、脂肪が落ちてきたのを実感。たった3回のトレーニングでお腹に縦線が出てきました！

Comment by Hoshino

「背骨がガチガチだったので、背中ほぐピラを行いながら逆腹筋。背中がほぐれ、お腹に筋力がついたので腹筋の縦線が出てきました」

二の腕

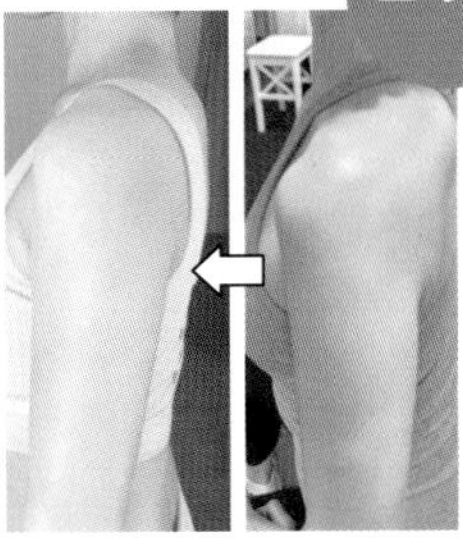

集中的なわきほぐピラで 太く短い二の腕が細くなった

（40代・女性）

育児や家事で前かがみになることが多く、肩が上がり、わきの下のくぼみが消え、二の腕が太く短くなっていました。わきの下のほぐしをはじめて、肩や腕が動くようになり、二の腕に線が現れて、立体感のある二の腕に。

Comment by Hoshino

「肩の関節が縮こまっていたのでわきほぐピラを集中的に。首の動きがよくなったら二の腕が細くなってきました」

首

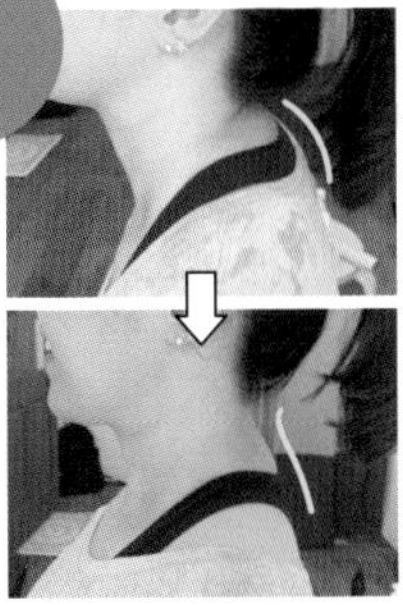

首の筋力がついて 首の位置が変わった！

（40代・女性）

先生に教えていただいて、首の筋力が落ちているのをはじめて知りました。ほぐピラは激しい動きではないのに、最初の頃は滝汗（笑）。首の位置が変わり、自分でも変化を感じられるようになったのも、嬉しい効果です。

Comment by Hoshino

「背中が硬くて、背中と首の動きがつながっていませんでした。背中をほぐし、首の筋力がついたことで、首が元の正しい位置に」

妊娠線

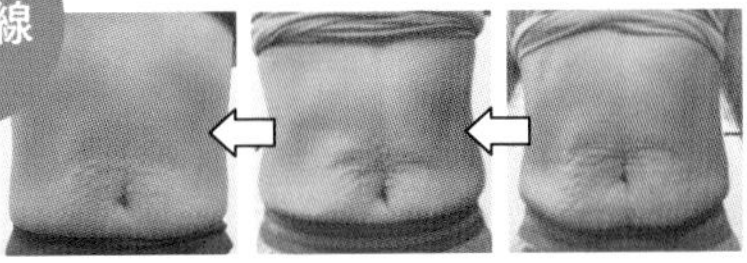

あきらめていた妊娠線が40代後半で 改善できて、ぜい肉もすっきり（40代・女性）

おへそを中心にダーツの的のようにくっきり刻まれていた妊娠線。ほぐピラを数回行った後から徐々に溝が薄くなり色も均一に。お腹まわりのお肉も少しずつ消えて、まさか40代後半になって改善できるなんて、驚きです！

Comment by Hoshino

「背中をほぐしながら、お腹の筋肉が使えるように調整。筋肉にハリが出たことで妊娠線が浅くなりました」

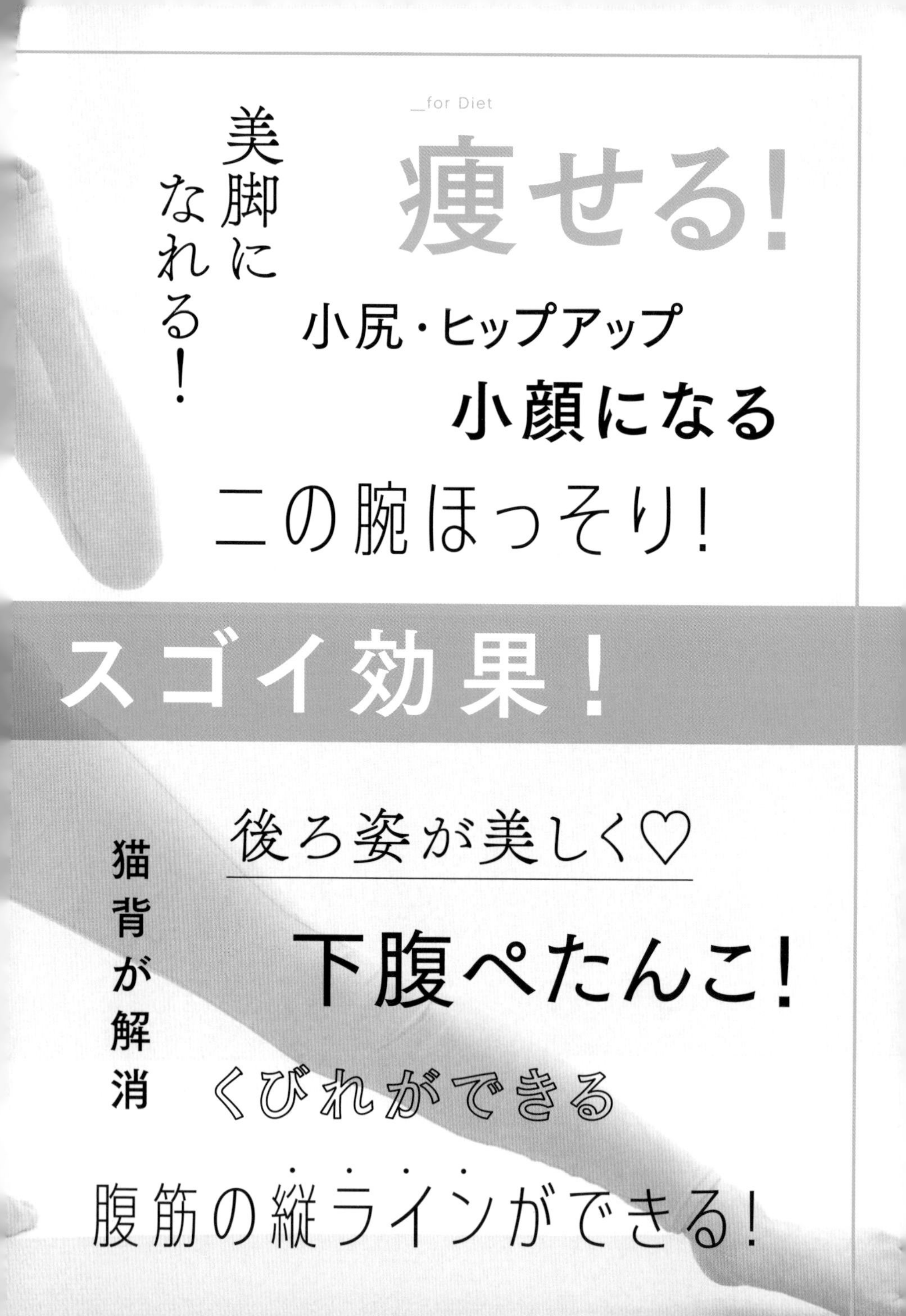

_for Diet

美脚になれる！

痩せる！

小尻・ヒップアップ

小顔になる

二の腕ほっそり！

スゴイ効果！

後ろ姿が美しく♡

猫背が解消

下腹ぺたんこ！

くびれができる

腹筋の縦ラインができる！

_for Beauty

美しくなる！

バストアップ

肌がしっとり♡

歩き方がキレイに！

姿勢がよくなる

首が長くなる

むくみがとれる！

ほぐピラの

体温が上がる

婦人科系の不調がラクに

イライラがなくなる

寝つきがよくなる

末端冷え性が改善

_for Health

健康になる！

CONTENTS

P001-142

STEP2 | 基本のほぐピラ

STEP3 | 上半身ほぐピラ

Before WORK OUT

ほぐピラをはじめると、どうしてキレイになれるの？
簡単そうな動きにも、しっかりとした裏付けがあるんです。
ほぐピラのメカニズムを知れば、やる気がもっとアップします。

ボディラインのお悩みや不調は
体からのイエローカード

脚を細くしたい、お腹を凹ませたいと、食事制限や筋トレをがんばっても、結果が出ないと悩んでいる方が多くいます。そんな方を救うのが「ほぐピラ」です。

「ほぐピラ」メソッドでは、ボディラインの崩れや不調は、体からのイエローカードだと考えます。「このまま放っておくと大変なことになりますよ！」と、体が私たちに教えてくれているのです。とても親切ですよね（笑）。

大切なのは、その根本的な原因を探すこと。そのとき「ほぐピラ」で注目するのが「関節の可動域」です。人間の体には骨と骨をつなぐ関節が約260個もあります。そのすべての関節がお互いに干渉しあわずに関係性を保ちながら、スムーズに動くことで、体をしなやかに動かすことができるのです。

「関節の可動域を広げる」という言葉を聞いたことはありますか？「体がやわらかくなること？」と思うかもしれませんね。「関節の可動域」とは、関節を動かせる最大の範囲のこと。この範囲が狭まったり、逆に広くなりすぎても体はスムーズに動きません。ダンサーのように開脚ができなくてもいいんです。適切な関節の可動域を保てば、理想のボディラインはつくれます。

関節の可動域を狭めているのが、同じ姿勢を続けることなどかたよった動きのパターンで起こる、筋肉や筋膜のこわばりやこり。これをほぐして関節の動きがスムーズになるとゆがみがとれて、バランスのいい体に変わります。血液やリンパの流れもよくなり、代謝が上がって痩せやすい体になるのです。

ほぐピラとは、ほぐしながら鍛えて、本来の体の動きを取り戻すエクササイズです

「ほぐピラ」とは、ほぐす＋ピラティスの動きを表す、私が考案したオリジナルのエクササイズです。

これまでトレーナーとして、数多くの方々の体を変えるお手伝いをさせていただきました。そこで気づいたのは、体は鍛えるだけではダメ。ほぐすことも大事だということ。やみくもに鍛えても、得意な動きばかりで体を動かしてしまい、バランスの悪い体型になります。

その体の「動きのクセ」を取り除くために、「ほぐピラ」では、関節がスムーズに動くのを邪魔している筋肉や筋膜のこりほぐします。そして同時に、ピラティスの動きで普段使うことの少ない体幹の筋肉を鍛えます。

ここで少しピラティスのことをお話ししますね。ピラティスはもともとリハビリから生まれたエクササイズ。できる範囲の動きで体幹を鍛えるので、欧米ではアスリートをはじめ、多くの人々がリハビリや健康維持に活用しています。

このピラティスの動きを利用して体幹を鍛えながら、同時に筋肉や筋膜をほぐすのが「ほぐピラ」です。どちらかだけではダメなの?と疑問に思いますよね。

筋肉は、ほぐすだけでは力不足になり、パワーが出なくなりますし、鍛えるだけでは必要以上に硬くなり、逆に関節の動きを悪くしてしまうこともあるのです。

美ボディづくりには、ほぐす+鍛えるが不可欠。関節の動きを悪くしている筋肉のこりをほぐしながら、弱っている体幹の筋肉を小さな動きで鍛える。この2つの動きを同時に叶える「ほぐピラ」は、本来の体の動きを取り戻し、ボディを美しく健康に整えるエクササイズです。

ほぐピラで〝筋膜シャツ〟のよれを正し、こりを取って美ボディに

ほぐす＋鍛えるを同時に行う「ほぐピラ」をはじめると、Ｐ９のみなさんのように、ただ痩せる以上に「首の位置が変わった」「二の腕が細くなった」など、見た目に変化が表れます。その理由は、全身が〝筋膜〟という膜でつながっている体の構造にあるのです。筋膜とは、筋肉、骨、臓器、神経、血管など体中のすべてを包み込みながらつながって、それぞれの位置を保つ膜のこと。この筋膜を、シャツに例えて説明してみましょう。〝筋膜シャツ〟のどこかがよれて絡まったりすると、その影響を受けて違う場所が引っ張られ、シャツが伸びたり、ひずみができたりします。このひずみ部分にボディラインの崩れや不調が現れ、よれたり、縮んだりする場所にこりが発生します。

この〝筋膜シャツ〟のよれている部分＝こりをほぐし、一度引っ張られて伸びたり、ひ

ずみができたりした場所を鍛えて、シルクのようにしなやかで、動きの邪魔をしない〝筋膜シャツ〟に戻すのが「ほぐピラ」です。ほぐすだけでは、伸びたシャツの形は戻らないし、鍛えるだけでは問題の根本であるシャツのよれがそのままなので、シャツはいびつな形に型崩れしてきます。逆にシャツのよれを正せば、元通りのキレイなラインを取り戻せるのです。

キレイなシャツは、美しいボディラインそのもの。「ほぐす」と「鍛える」を同時に行う「ほぐピラ」が目指すのは、全身のバランスがとれた美しさなのです。

こりが発生し、
〝筋膜シャツ〟がヨレヨレの状態

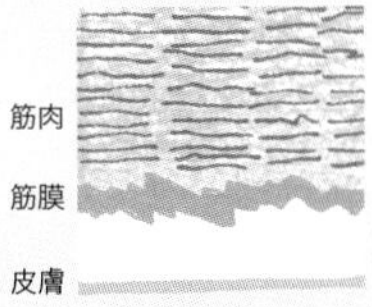

全身のつながりが悪くなり、体のあちこちに不調が起こる。

「ほぐピラ」でほぐす

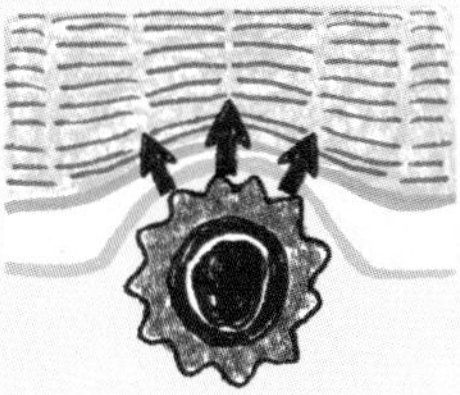

こりが取れ、
なめらかな〝筋膜シャツ〟に

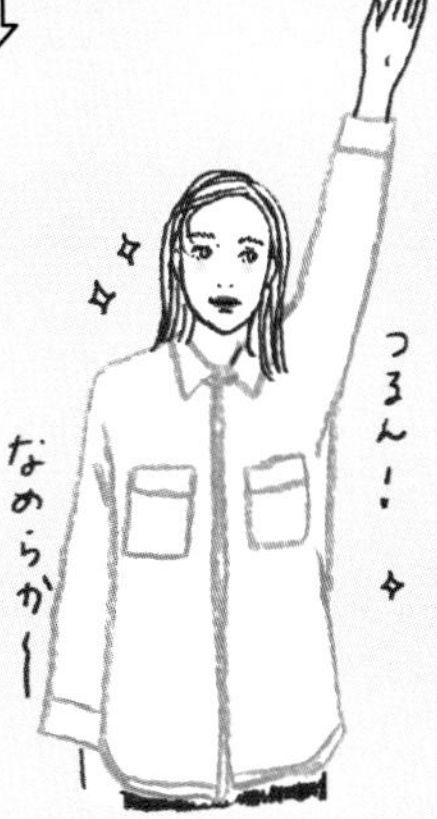

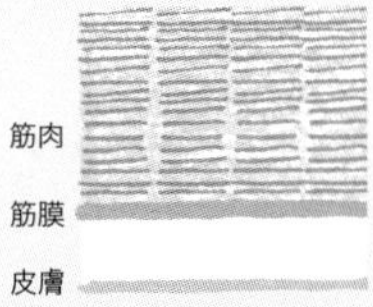

全身のつながりがよく、体の動きも、血流も、自律神経のバランスも整った不調のない状態。

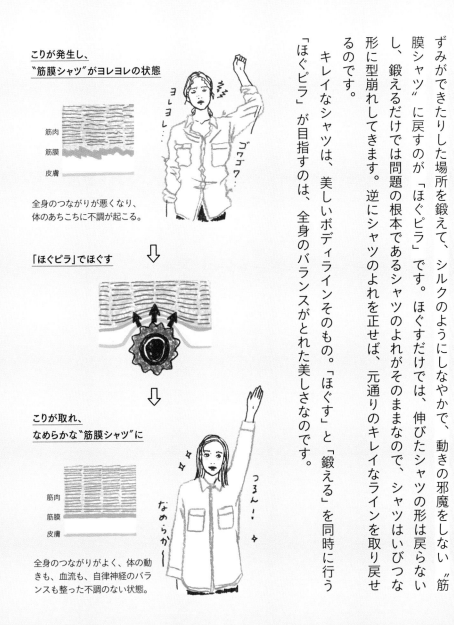

ほぐピラで大事にしているのは「感じる」こと

「ほぐピラ」をはじめると、みなさん熱心に「どれくらいの強さでほぐせばいいですか？」「何回やれば効果が出ますか？」と、質問してくれます。

残念ながら「人それぞれ違います」としかお答えできないのです。なぜなら、こりの強さも筋力の強弱も、人によって違います。ですから、刺激の強さも行う回数も自分の感覚が頼りなのです。そのため「ほぐピラ」では「感じる」ことをとても大事にしています。

本書では回数の目安を記載していますが、本当は回数や強度は「これでいい？」と体に問いかけながら、ご自

身で決めてほしいのです。また、ポーズの中には思い通りに体が動かないものがあるかもしれません。そんなときは、動かそうとするだけで十分。なぜなら、体を動かせても、動かせなくても「感じる」ことは、神経の伝達を促して、スムーズに動ける体をつくるのに不可欠だからです。そしてスムーズに動ける体になれば、代謝が上がり、美しくバランスのとれた体になります。

P22でお話しした筋膜の中には、脳からの指令を伝達する神経のネットワークがあります。例えば、脳が「足の指を動かして」という指令を出したら、〝神経特急〟がネットワークの中を走って指令が伝達され、足の指が動くイメージです。ところが、その線路上の筋膜がよれていたりすると、電車はそこでストップ。指先まで指令が届きません。〝神経特急〟が快適に走れるようにする線路整備が「ほぐピラ」です。

神経のつながりは、自分で「感じる」ことでしかわかりません。だから「ほぐピラ」では、回数や強度、できる、できないよりも、「感じる」ことを大事にしているのです。

足の指を動かして
筋膜が正常だと……
筋膜に異常があると……
不通区域
……

体にいいこと6

1 筋肉・筋膜の状態や質が変わり、ボディラインが美しくなる

「筋肉をほぐしながら鍛えると、硬くこわばっていた筋肉や筋膜がほぐれて適度なハリが戻り、理想のボディラインが叶います。」

2 体の動きが変わり 活動代謝が上がる

「関節のまわりの筋肉をほぐすことで、関節の可動域が広がります。体の動きがしなやかでスムーズになるため、活動代謝がアップ。」

3 自律神経のバランスが整い よく眠れるようになる

「筋肉のこりをほぐすと、背骨に沿って通る自律神経のバランスを整えることに。心の緊張がとけて、よく眠れるようになります。」

ほぐピラをすると起こる

4 肌の質感が変わり ジューシーボディになる

「筋肉の中には血管がたくさん通っています。こりがとれると、血流がよくなって筋肉や肌に水分が行きわたり、みずみずしいボディに。」

5 気持ちが変わり イライラ・クヨクヨが減る

「ほぐピラをした後は、心もスッキリ！　体が気持ちよく動くようになると、イライラを感じたり、クヨクヨすることが減ります。」

6 血流がよくなり 冷えなどの不調が改善する

「ほぐピラをすると、これまで滞っていた血液の流れがよくなり、体がポカポカに。冷えや生理痛などの不調もラクになります。」

ほぐピラは道具を使ってトレーニングの効率をアップ！

本書でほぐピラを行うときは、突起がついた「ランブルローラー」や「ビースティーボール」を使っていますが、Ｐ30で紹介するように道具を手作りしたり、家にあるフォームローラーを使うのもおすすめです。どちらにしても、できれば道具を使うトレーニングからはじめてほしいのです。なぜなら、道具を使うと運動が苦手な方や初心者でも体の変化に気づきやすくなり、さらに硬い筋肉や筋膜を効率よくほぐすことができるから。こりが強い人ほど筋肉の奥まで硬くなっているのですが、その部分を手だけでほぐすのは時間がかかって大変。そこで道具の登場！　突起を利用することで、筋肉の奥まで刺激することができるのです。

　体がほぐれてくるとイボイボの突起の上で動いても、痛みより気持ちよさが増してくるように感じるでしょう。また、この痛みは日によっても変わります。昨日はただ気持ちいいだけだったのに、今日は痛みが強いことも。道具を使う中で、そんな毎日移りゆく体の変化にもぜひ、気づいてほしいと思います。

この本で使っている道具

ローラーは
手作りできます!
(次のページをCHECK)
RUMBLE ROLLER
テニスボール
でもOK

フォームローラー

突起があることで筋肉の奥まで刺激が届いて、深部までほぐせます。本書では突起の部分が親指の形に似ている「ランブルローラー」を使用しています。

ボール

足裏や鎖骨下など、ピンポイントでほぐしたいときに使用するのがボール形の道具。筋肉をよりほぐしたいときには突起のあるものがいいですが、テニスボールやゴルフボールでもOK。

※商品の詳細は、P142へ

Q マットはどんなものがおすすめ?

A 約8㎜の厚さのマットか厚めのラグの上で

衝撃を吸収して体が動かしやすい約8㎜のマットをおすすめしていますが、厚めのラグの上で行ってもOK。体への圧が強くなるのでフローリングの上で直接行うのは避けて。

Q 電動のローラーでもOK?

A ほぐピラでは動かさずに使用を

電動ローラーでほぐしながら体を動かすのは、振動で安定が悪くなり危険です。もしほぐピラで使用するなら、スイッチをオフにして動かさずに使用して。

Q ローラーは突起がついているもののほうがいいの?

A 突起の圧の変化で筋肉を奥まで刺激

突起がないと体をのせたときに、筋肉に均一に圧がかかります。突起があることで、圧がある部分とない部分が交互にでき、筋肉の奥まで刺激が届きます。

家にあるものでOK!

ローラーは手作りできます

ローラーは、家にあるものや100円均一ショップなどで買えるもので
手作りすることができます。大きさや厚みを自分流に工夫してみて。

用意するのはコレ!

・フェイスタオル２枚
・ラップの芯　・ゴム

タオルローラー

いちばん手軽にできる!

身近なものですぐ作れる簡単ローラー

ラップの芯にフェイスタオル２枚をぐるぐる巻いて、凹凸ができるようにゴムでとめれば、手作りローラーの完成です。

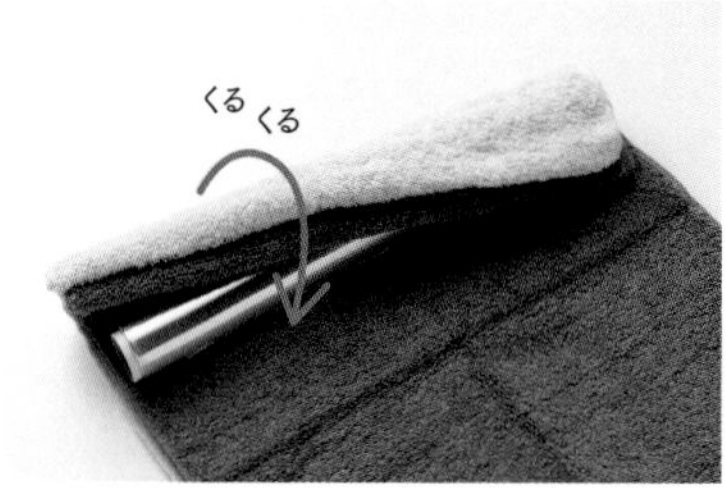

くる くる

1 フェイスタオル２枚を重ねて、ラップの芯に巻きます。

2 ところどころをゴムで強めにとめて、ローラーに凸凹を作ります。

POINT

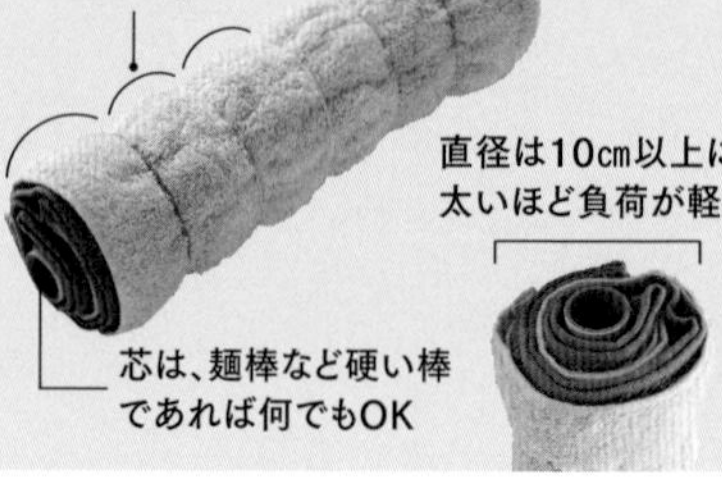

凹凸がしっかりできるように
直径は10㎝以上に。太いほど負荷が軽い
芯は、麺棒など硬い棒であれば何でもOK

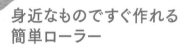

雑誌ローラー

＼安定感抜群！／

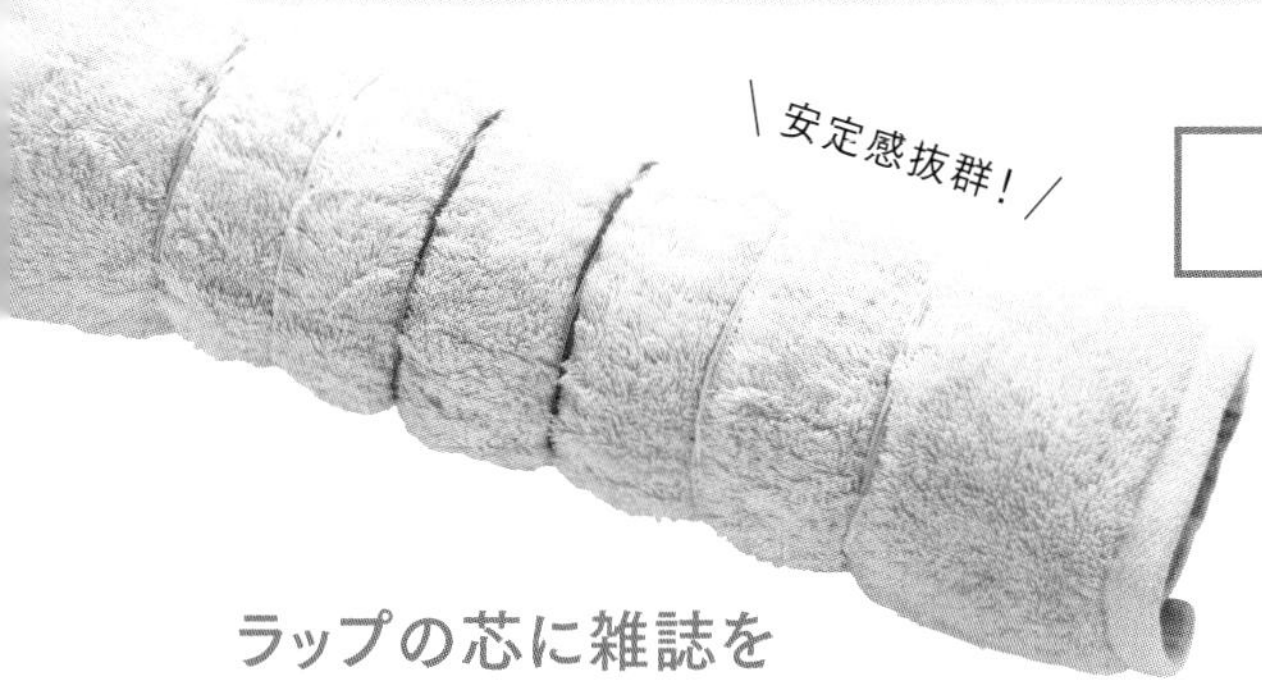

ラップの芯に雑誌を巻いて補強

安定感を求める人におすすめ。雑誌を巻いているので、つぶれにくく太さが出やすいのが特徴です。

＼用意するのはコレ！／

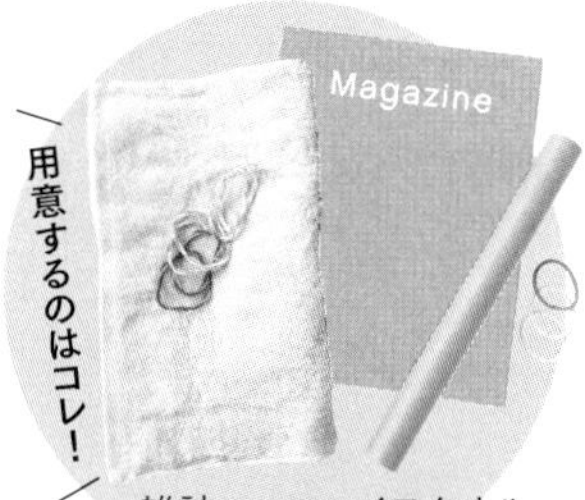

・雑誌　・フェイスタオル
・ラップの芯　・ゴム

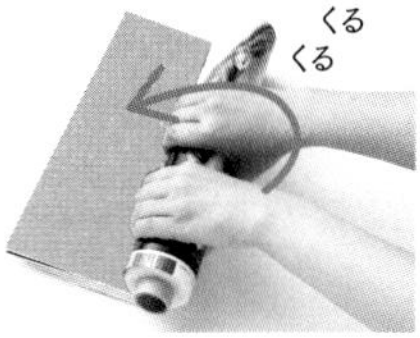

1 すき間ができないように、ラップの芯を雑誌で強く巻きます。

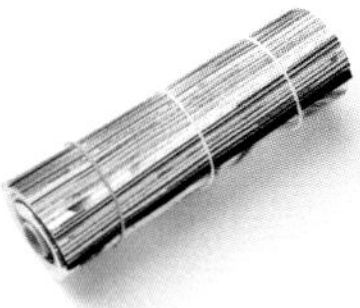

2 ページが広がらないように、3〜4ヵ所、しっかりゴムでとめます。

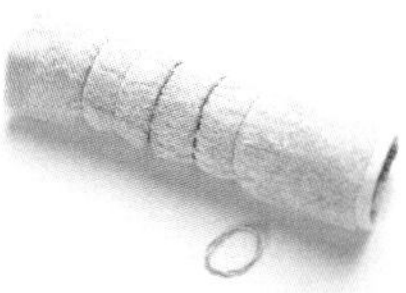

3 **2**の上からフェイスタオルを巻いて、タオルローラーと同様に凹凸を作ります。

キャンディローラー

＼部位にあわせて長さを変えて！／

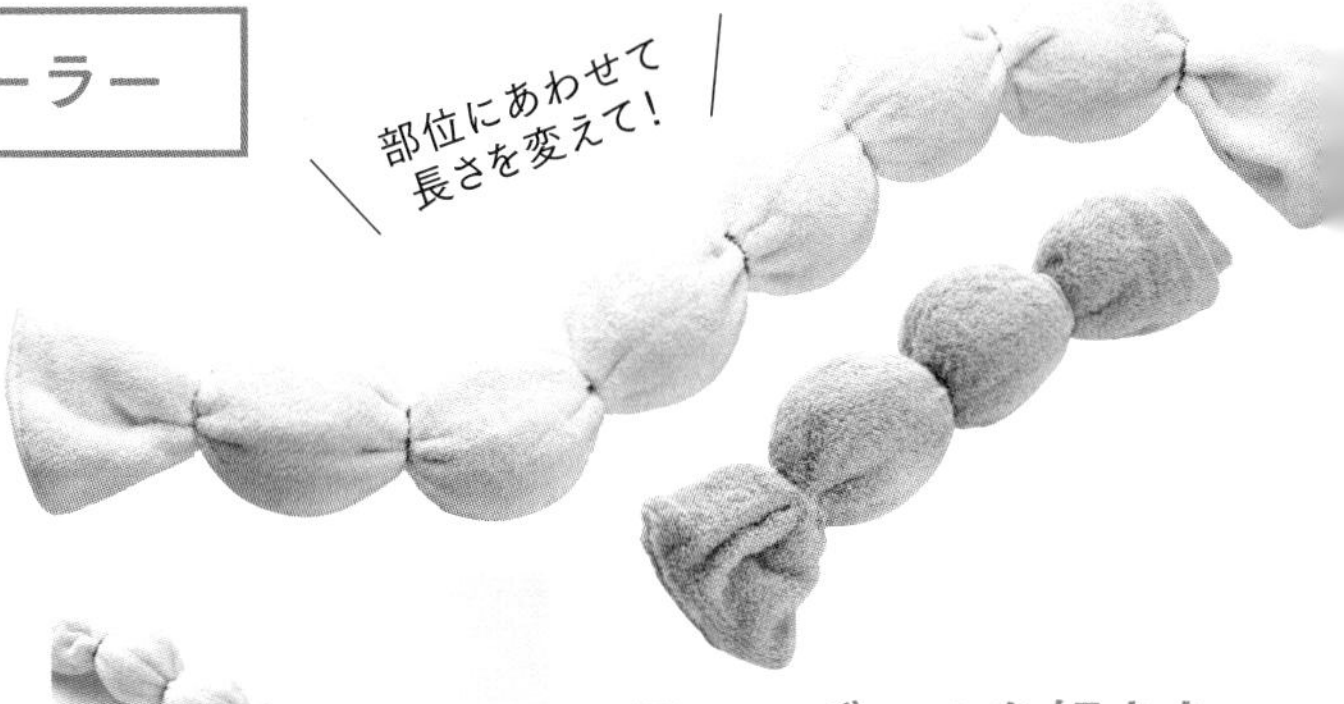

＼用意するのはコレ！／

・テニスボール
・フェイスタオル
・ゴム

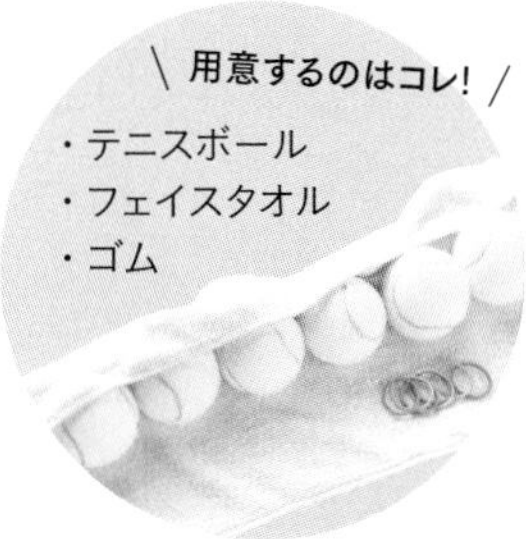

タオルを広げ、ボールを包み、端から一つずつゴムでとめて、凹凸を作ります。

テニスボールを好きな数だけ包んで作る

テニスボールをタオルで包んだキャンディ形のローラー。凹凸もしっかりあり、ほぐす場所によってボールを増減できて便利！

点の圧が入るので強度は高めです

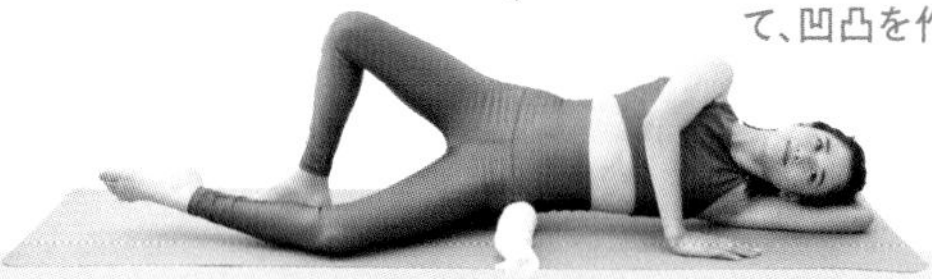

ちょっとした工夫で負荷が変えられる！

運動強度の調整法

本書では、主にローラーを使った方法を紹介していますが、
負荷を軽くするための方法がいくつかあります。
自分の運動レベルに合った方法ではじめましょう。

レベル ★★★

2 ローラーにタオルを巻く

1で痛みを感じたら、ローラーにタオルを巻くか、ローラーと体の間にタオルをはさみます。痛みを感じなくなったら、タオルを外してもOK。スウェットなど厚手の服を着ても同様の効果が。

レベル ★★★★

1 ローラーのみ

ローラーの上に直接体の一部をのせて動かす方法。小さい動きからはじめ、徐々に大きく体を動かすのがポイントです。運動強度は高めなので、痛みをガマンして続けるのは避けましょう。

負荷：**重い**

レベル ★

4 壁を使う

壁と体の間にローラーをはさみ、上下や左右に体を動かして刺激します。ローラーに全体重がのらないので、圧を弱めることができます。筋力不足の方はここからはじめましょう。

背中

お尻

お尻

レベル ★★

3 台を使う

20cmほどの高さの台やイスか、雑誌や辞典を重ねて動かないようにテープなどでとめたものの上にローラーをセット。高さが出ることで体にかかる圧が弱まり、ラクになります。

負荷：**軽い**

ほぐピラをはじめる前に知っておいてほしいこと

写真のモデルさんのように動けなくてもまったく問題ありません

本書のモデル・宮城舞さんは、ほぐピラを長年続けている上級者。ですから、彼女と同じように動けなくても問題ありません。大事なのは、できるだけその動きに近づけようと意識すること。それだけでも体は確実に変わります！

回数は目安です。ご自身ができる範囲で構いません

記載した回数はあくまでも目安です。1回でも3回でも構いません。自分がつらいと感じる少し手前の回数で問題ありません。またその日の体調によって回数が変わ

ってもＯＫ。ただし、1ヵ所につき3分以上行うと筋肉をほぐしすぎてしまうので、やりすぎには注意してください。

痛みはガマンしすぎないでください

痛いのをガマンすると、効いているような気になります。でもそれは大きな間違い。筋肉は痛みが強すぎるとこわばってしまうことがあります。痛みはガマンせずに、気持ちいいかイタ気持ちいいくらいでやめましょう。無理せずに、タオルを巻いたり、台を使って行うようにしてください。

エクササイズは全部行わなくても大丈夫。気に入った動きを続けてみましょう

本書では、多くの方にキレイで健康になってほしいという思いを込めて、たくさんのエクササイズを紹介しています。でもこのエクササイズをすべて行う必要はまったくありません。まずはＳＴＥＰ1の「ながらほぐピラ」やＳＴＥＰ2の「基本のほぐピラ」からはじめてみましょう。そして次に、気になる部位のエクササイズを！　ひとつでもいいので続けてみて、体の変化を楽しんでください。

この本の使い方

ほぐピラ初心者でもわかりやすく、そしてできるだけ早く効果が出るように、本書にはいろいろな仕掛けがあります。すべてを活用して、体づくりに役立てて。

可動域CHECK

エクササイズの前後に行おう

エクササイズの前後に行って、体の変化に気づけるチェック法を紹介しています。

POINT

注意点や＋αのアドバイス

エクササイズを行ううえで、ぜひ意識してほしいポイントを紹介しています。

動画

実演動画を見ながらエクササイズできる

QRコードからアクセスすると、星野先生の解説付き実演動画を見ることができます。

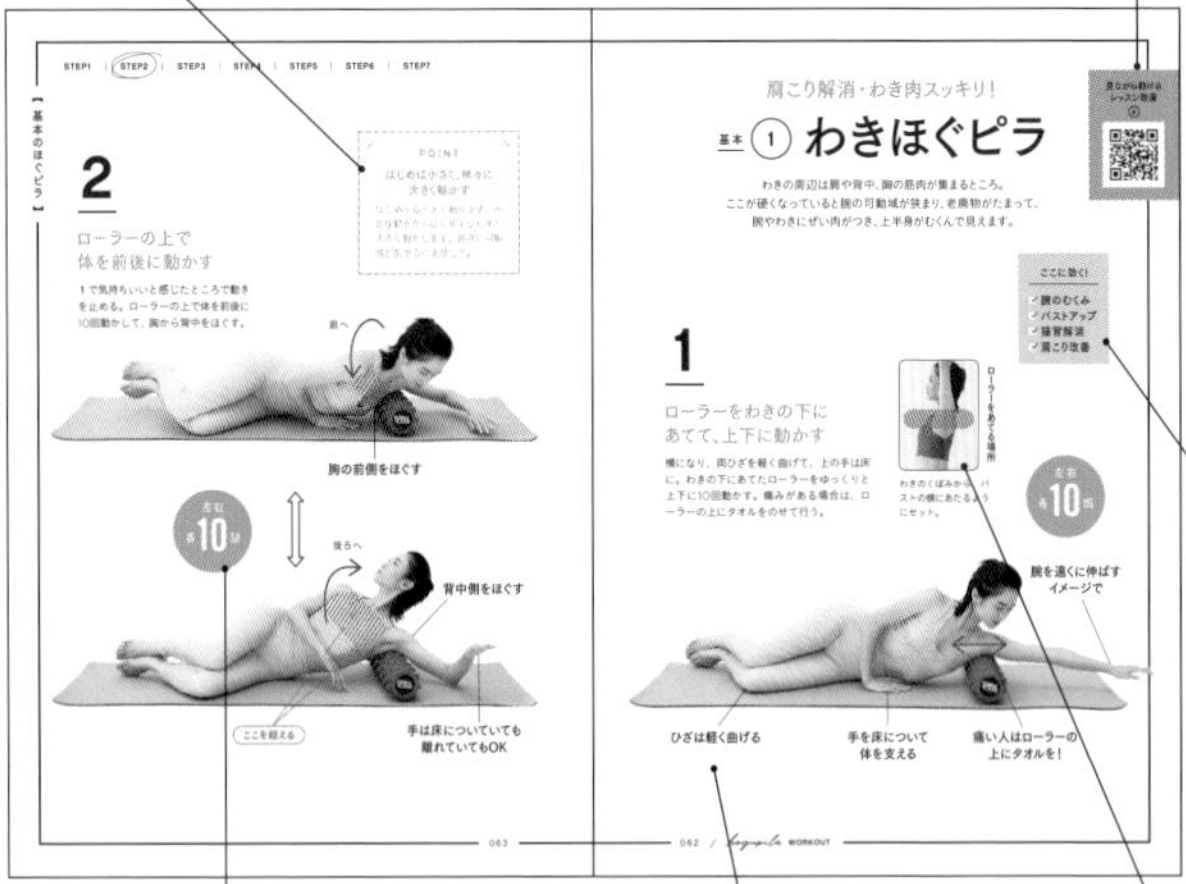

ここに効く!

自分の悩みに合ったものを選べる

何をやるか迷ったら、悩みに合うものを見つけて、そのエクササイズを行いましょう。

回数

あくまでも目安。こだわらなくてOK

それぞれの動きの目安になる回数を示していますが、こだわらなくても大丈夫。

やり方のコツ

ここを読むだけでも動きのポイントがわかる

特に注意したいコツを太字で示しています。実践前によく読みましょう。

ローラーをあてる場所

体を動かす前に、あてる場所を確認

体を動かす前に、どこにローラーをあてたらいいのかをしっかりチェックしましょう。

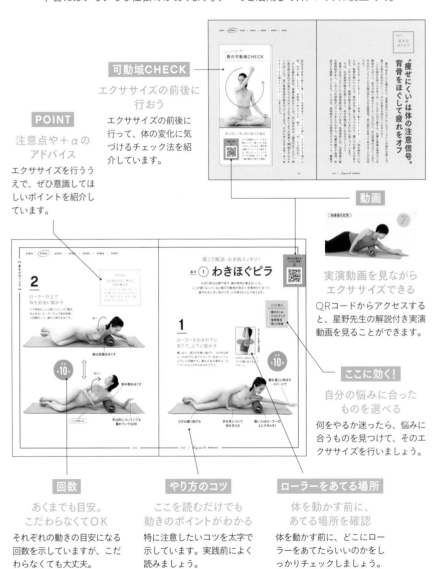

どれをやったらいい？にお答えします！

たくさんあるエクササイズの中から、どれをやればいいの？と
悩んだときは、下記をチェック！　自分に合うものからはじめて。

STEP1 **ながらほぐピラ** → すき間時間にちょこちょこ行いたい方、運動が苦手な方におすすめ。

STEP2 **基本のほぐピラ** → **これだけでもOK!** やせ体質のベースをつくるエクササイズ。

STEP3 **上半身ほぐピラ**

STEP4 **下半身ほぐピラ**

STEP5 **お尻ほぐピラ**

→ **お悩み別** 自分が気になる部位のエクササイズをセレクトしてください。

STEP6 **全身ほぐピラ** → 全身のつながりを確認するために、できれば週に1～2回行いましょう。

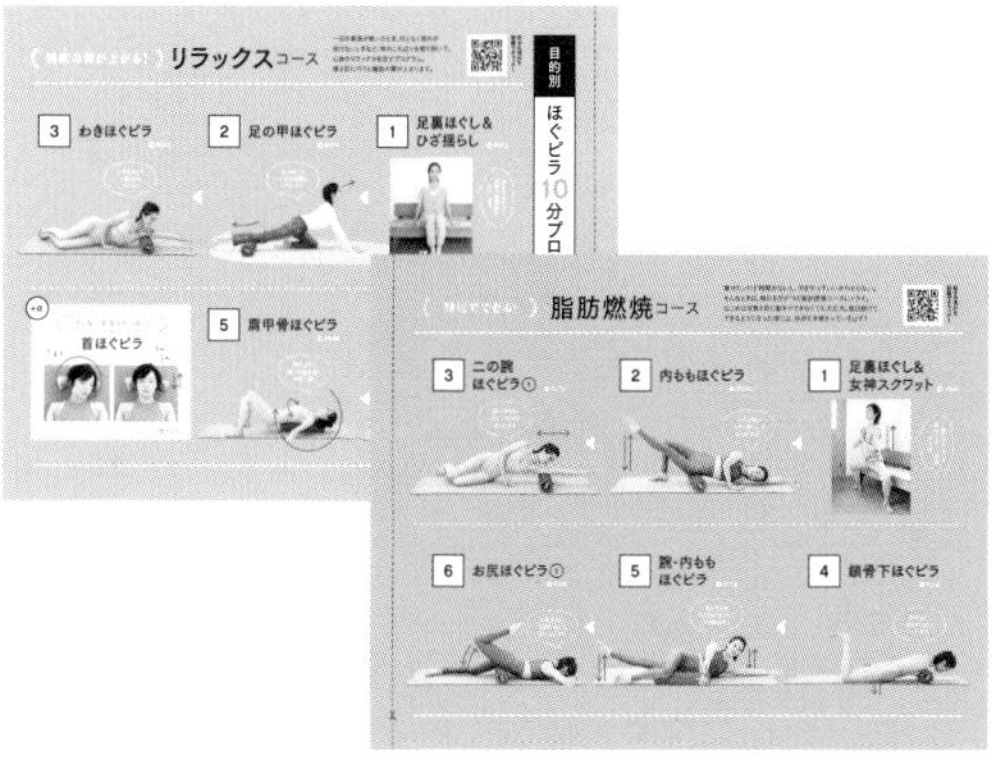

巻末ポスター

脂肪燃焼コース＆リラックスコース

本書のエクササイズの中から、脂肪燃焼に役立つほぐピラと、リラックスするのに効果があるほぐピラのプログラムをまとめています。

hogupila WORKOUT

STEP1

P038-057

運動が苦手な方は
こちらから！

毎日、体を動かす習慣をつける

ながらほぐピラ

ワークアウトの時間をとって真剣に体と向き合うのも
大事ですが、家事や仕事の合間に体をいたわることも大切。
すき間時間の「ながらほぐピラ」習慣で、必ず体は変わります。

STEP1_

ながら
ほぐピラ

毎日体を触って、動かして、体の変化を感じよう

ウエアを着て、マットを敷かなければ、運動ができないと思っていませんか？ 私たち人間は、ひとつ深く呼吸をするだけでも、体の中で血液や水分が巡り、代謝され、体が変化しています。少し体を動かすだけで、必ず昨日の自分よりよい状態に変わることができるのです。だからこそ、毎日少しずつでも体を動かすことはとても大切。でもハードな運動は苦手だという人にはじめてほしいのが、STEP1で紹介する「ながらほぐピラ」。仕事の合間に。キッチンで。テレビを観ながら。道具を使ってもいいし、手を使ってマッサージのようにほぐしても構いません。何より大事なのは、自分の体を触って、動かして、昨日の体との変化を感じることなのです。

私を含め、多くのトレーナーの先生方は、新幹線や飛行機などに乗っているとき、体を触りながら、体のどこかを動かしています。その動きを見ると、「あの人、体関係の仕事かな」というのがわかってしまうんです（笑）。また、モデルや俳優、アスリートの方の体への気づきはよい意味でとても神経質なもの。でも、体を使う

プロでなくても、小さな変化に気づいてリセットしたり、自分自身をほめて、慈しむことは誰にでも必ずできます。

習慣になれば、不調に早く気づいて対処できますし、毎日触ることでボディメイクも早く叶います。「ながらほぐピラ」を活用して、毎日少しずつ体を触って、動かすことを習慣にしましょう。

道具がなくても「ほぐピラ」はできる！

こぶしをボールの代わりにしてほぐす

テニスボールやゴルフボールがない場合は手を使ってみましょう。例えば前腕なら、握ったこぶしや指の第２関節を腕にグッと押しあててほぐします。押しあてながら、手首をぐるぐると動かすのもおすすめです。また、テーブルの角やベビーカーのハンドルなど、探してみるとほぐすのにちょうどいいものが意外とあるはず。生活の中にほぐしをとり入れてみてくださいね！

見ながら動ける
レッスン動画

バストアップが叶う！

デコルテほぐし

キッチンでお料理をしている間、デスクワーク中など、空いた片手で
胸の上をほぐすと呼吸が深くなり、イライラ予防にも！
テニスボールやこぶしの関節を使って刺激してもOK！

1　ボールで円を描くように鎖骨の下をほぐす

ボールを鎖骨の下にあて、手のひらで押しながら肩の前から胸の中央に向かって円を描くようにほぐす。気持ちいい時間行って。

ボールをあてる場所

2 ボールをねじって デコルテをほぐす

ボールを鎖骨の下に押しあてたら、顔をボールとは反対のほうに向ける。ボールを左右にねじりながら少しずつ位置を動かして、デコルテ全体をほぐす。

ボールをあてる場所

見ながら動ける
レッスン動画

腕の疲れや肩こりがラクになる

前腕ほぐし

スマホやパソコンなどで指を酷使すると、前腕が張って太くなります。
腕の疲労を取ると指の動きがよくなり、指からつながる
首への負担が減って、仕事の効率がアップ。

1 ボールを転がして前腕の裏表をほぐす

手のひらを下に向けて手首にボールをあて、ひじまでボールを転がす。次に手の甲にボールをあて、ひじまでボールを転がす。気持ちよく感じるまで、前腕の裏表をほぐす。

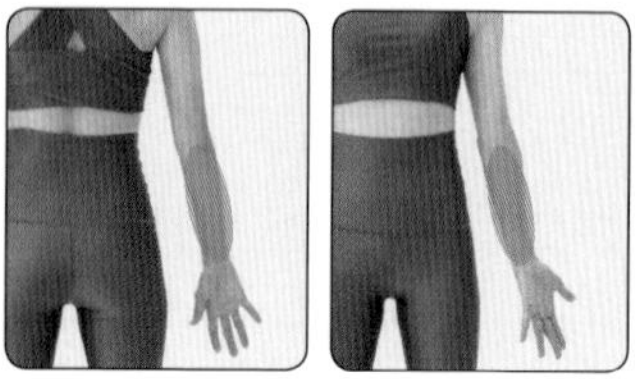
ボールをあてる場所

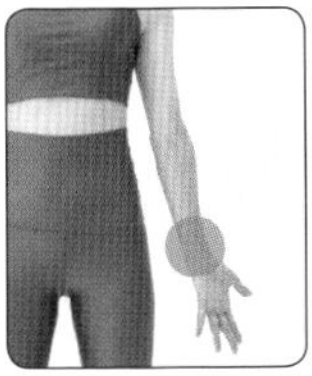

ボールをあてる場所

2 手首の内側にボールをあててぐるぐる回す

手首の内側にボールをあて、手を軽く握り、ゆっくりと大きく手首を回す。気持ちいい回数で反対回しも行う。

3 ひじの内側にボールをあてて前腕を動かす

ひじの内側にボールを押しあて、ひじを支点にして前腕を内側、外側にスライドする。気持ちいい場所にボールをあて、好きな回数動かす。

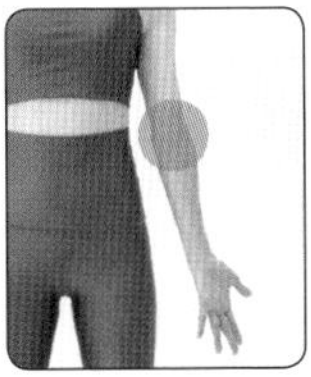

ボールをあてる場所

見ながら動ける
レッスン動画

スマホ、パソコンでの指の疲れオフ

手首・ひじほぐし

気づかないうちに疲れをためている腕をほぐします。
体の機能を整えるツボがたくさんある手首やひじをほぐすだけで、
肩こりや指のむくみが軽くなり、仕事の疲れが半減！

1 両手首の間にボールをはさんで動かす

両手首の間にボールをはさみ、手を左右交互に前後や上下に動かしたら、円を描くように動かす。特に気持ちがいい動きを多めに行って、手首のこりをほぐそう。

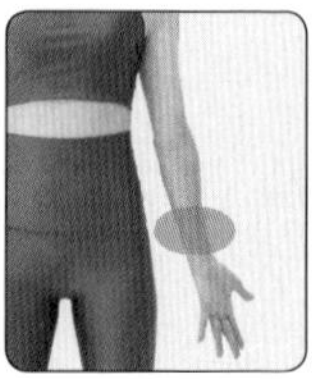
ボールをあてる場所

＼これもプラス！／

腕が疲れる前に 手の運動でリフレッシュ

長時間のスマホやパソコン使用で、指〜前腕は疲労困憊。疲れを感じる前に1時間に1回を目安に手の体操を。指先まで血液が巡り、肩こりもラクになります。

1 親指以外の4指をそろえ、親指との間を広げてスタンバイ。

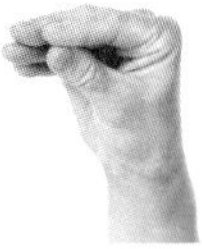

2 手首の位置は動かさずに、4本の指と親指をつける。10回くり返す。

2 ひじの内側にボールをはさんで動かす

ひじの内側にボールをはさむ。腕を左右交互に前後や上下に動かしたら、円を描くように動かして、ひじの内側をほぐす。気持ちいい場所を多めに行って、ひじの疲れをオフ。

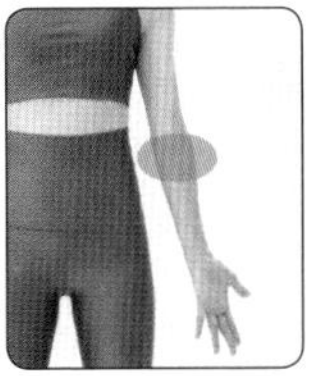

ボールをあてる場所

見ながら動ける
レッスン動画

下腹痩せ＆太ももの張りを取る

前ももほぐし＆逆腹筋

足に合わない靴をはいていたり、歩き方の悪いクセで、足首から裏ももを使えずに前ももに力を入れて歩いている人が少なくありません。

酷使された前ももをほぐしながら、腹筋を鍛える「ながらほぐピラ」に挑戦！

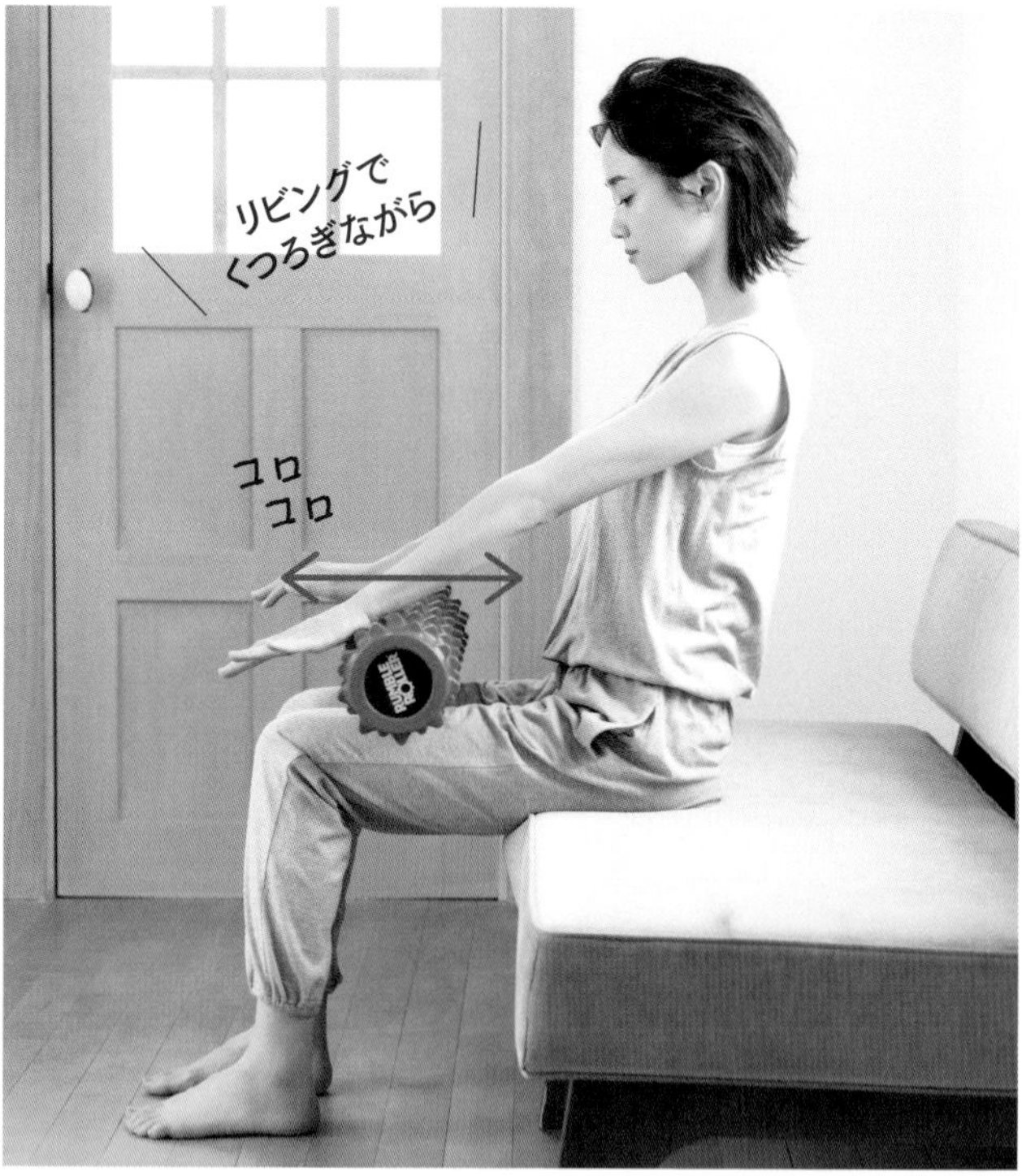

ローラーを
あてる場所

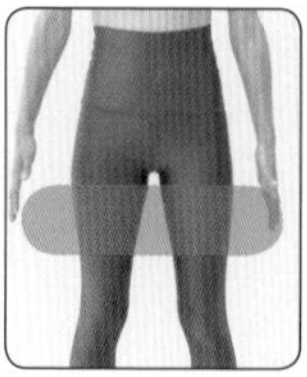

1 前ももの上でローラーを転がしながらほぐす

イスに浅く座り、足を腰幅に開く。太ももの上にローラーを置き、その上に両手をそえる。太ももの前側がほぐれるまで、コロコロとローラーを転がす。

2 ローラーを押しながら上体を後ろに倒す

ローラーを手で押して、腰から首までをまっすぐに保ったまま、腹筋上部を使うイメージで、上体を後ろに倒し、ゆっくりと元に戻す。10回行う。背中が丸まらないように。

10回
腹筋の上部に
力を入れて
ローラーを
手で押す
首はまっすぐ
伸ばしたまま
足が浮きそうな人は
足指を上に立ててもOK

3 上体を後ろに倒したまま首を左右に振る

上体を少し後ろに倒したら、腹筋を使って姿勢を保ったまま、鼻から動かすイメージで、首を左右に動かす。頭の位置がずれないようにあごを引く。10回動かしたら上体を戻す。

10回
右
鼻から動かす
イメージで
左
ローラーを
手で押す
ここを鍛える

右

左

見ながら動ける
レッスン動画

美脚と小尻を目指す！

足裏ほぐし＆女神スクワット

意外に使えていないのが足裏の筋肉。しっかりほぐして足裏が使えるようになると、立ったときの足裏の感覚が変わります。また、左ページの女神スクワットは骨盤を支える骨盤底筋群を鍛えるのに最適。産後の尿もれにも効果アリ。

1 ボールを転がして足裏全体をほぐす

足指のつけ根にボールをあて、親指からかかと、中指からかかと、小指からかかとの３つのラインにボールを転がし、気持ちよく感じるまで足裏全体をほぐす。反対側も同様に。

リビングで
くつろぎながら
ここを鍛える

かかとにボールをあて、つま先を上げたり、下げたりをくり返す。気持ちのいいところを探しながら、ボールの位置をずらしてもOK。

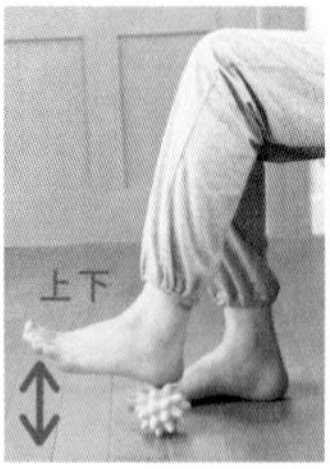
上下

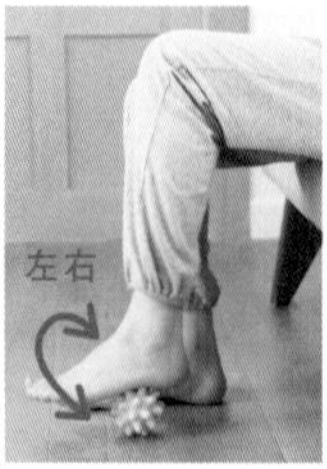
左右

土踏まずにボールを押しあてて、つま先を左右に動かしてほぐす。足裏の硬い部分にボールの位置をずらしながら、足裏全体をほぐす。

転がすライン

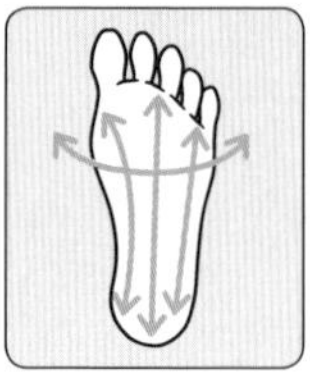

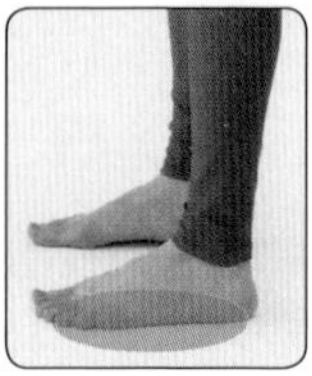

ボールをあてる場所

2 足裏で床を強く踏んでお尻に力を入れる

左右それぞれのお尻中央にある骨＝坐骨を立ててイスに浅く座り、脚を大きく開き足裏全体を床につける。両手は胸の前に。足裏で床を踏んでお尻に力を入れる。できる回数行う。

キュッと
締める感覚
足裏全体を
しっかり床につける

＼横から見ると／

坐骨を立てる

＼余裕がある人は／

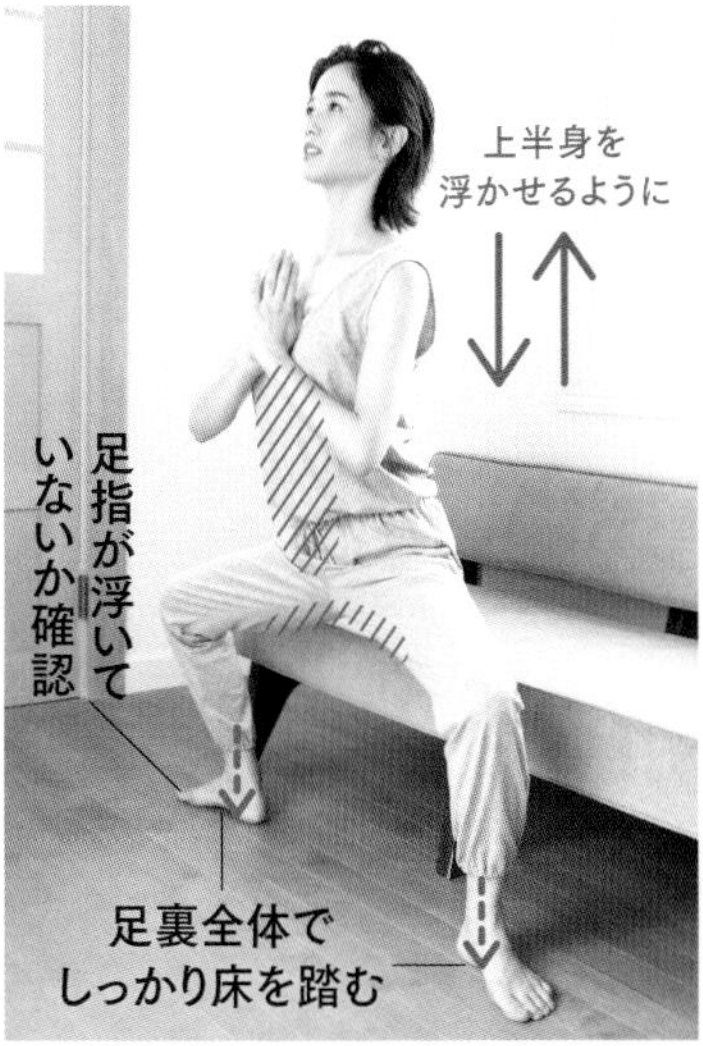
上半身を
浮かせるように
足指が浮いて
いないか確認
足裏全体で
しっかり床を踏む

なるべく垂直に上げ下げ

＼横から見ると／

両腕を前に出すと少しラクにできる！

上半身を垂直に上げ下げする。つらい人は、両腕を前に出したり、上半身を少し前に倒すと負荷が軽くなる。

見ながら動ける
レッスン動画

くびれができる

足裏ほぐし＆ひざ揺らし

ウエストまわりの筋肉を意識しながら、腰から下をツイスト。
足裏をほぐしながら腰をひねることで、くびれづくりをサポートします。
テレビを観ながらはもちろん、リモート会議中の机の下でもこっそり挑戦を！

1

ローラーの上に足裏をのせて転がす

イスに浅く座り、両足の足裏をローラーの上にのせる。ローラーを前後に転がしながら、足裏全体をほぐす。気持ちよくなるまで。

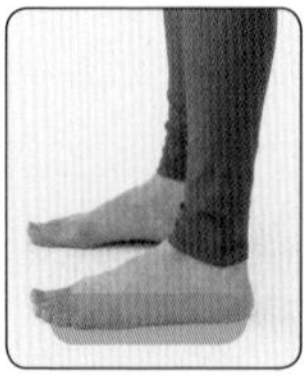

ローラーをあてる場所

2 ひざを左右に揺らして下半身をツイスト

1 でローラーを転がして気持ちがいいところで動きを止め、両足をそろえてひざを閉じる。そのまま上半身は動かさないようにひざを左右に揺らして、腰から下を10回ツイスト。

上半身は
なるべく
動かさないように
ここを鍛える
足裏を
左右に動かす
ひざを閉じて
左右に揺らす

＼ これはNG ／

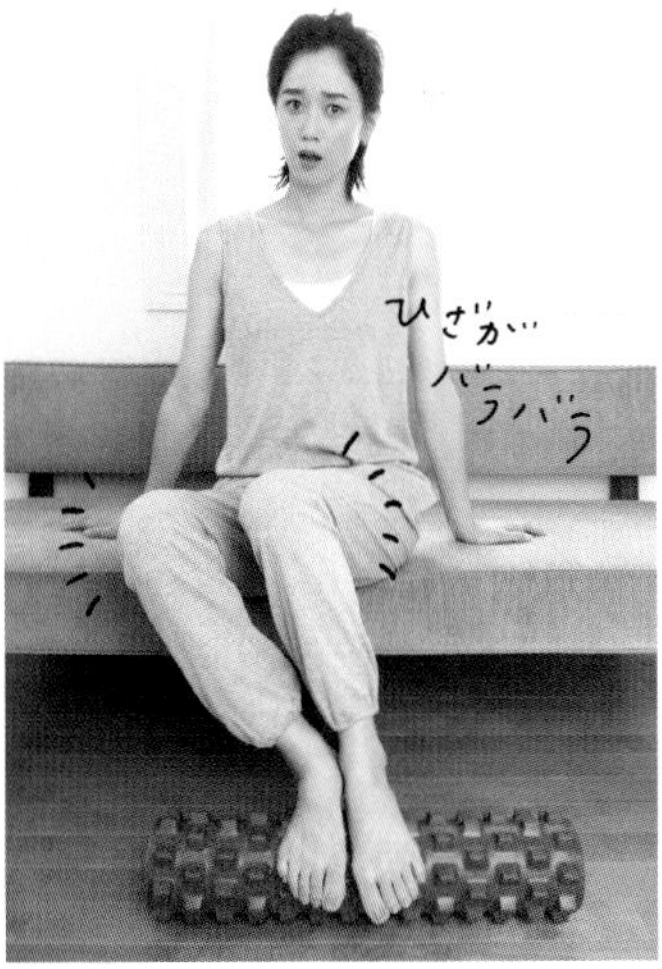
ひざが…
バラバラ

10回

見ながら動ける
レッスン動画

美脚をつくって腰痛改善！

足の甲ほぐピラ

足の甲やすねのほぐしも、美脚づくりには欠かせません。また、ここには東洋医学的に消化器系の働きを司るツボがあるので、胃腸の働きも促進。さらにあわせて背骨を動かして腰痛改善にも。

1 四つんばいになり つま先をローラーの上に

両手は肩の下、ひざは腰の下にくるように、四つんばいになる。ひざを少し内側に向けて、片足のつま先をローラーにあてる。ひざを胸に引き寄せてスタンバイ。

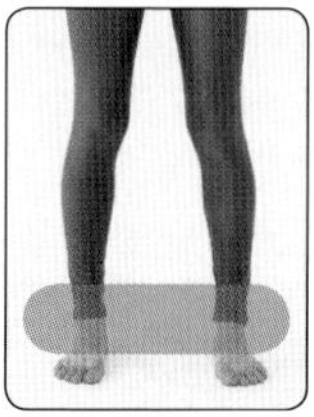

ローラーをあてる場所

テレビを観ながら

※ローラーはすねの骨にあてるのではなく、骨の内側にある筋肉にあてる。

2 ローラーを転がして背骨も動かす

息を吐きながら背中を反らし、ローラーをつま先からひざまで転がす。次に息を吸いながら背中を丸め、ローラーをひざからつま先まで転がす。10回行う。反対側も同様に。

足裏にギュッと
力を入れる

※動画では余裕がある人向けの、エクササイズのバリエーションを紹介しています。

リラックス効果抜群！

手のひら・背骨ほぐピラ

見ながら動ける
レッスン動画

ストレスが続くと、背骨のまわりの筋肉が硬くなり、動きが悪くなります。
背骨、特に胸部の裏側の骨を動かすようにすると気持ちが落ち着いてきます。
同時に、たくさんのツボや反射区のある手のひらを刺激しましょう。

1 四つんばいになり、両手はローラーの上へ

四つんばいになり、ひざを腰幅に開き、両手はローラーの上に置く。猿手の人は、手を少し外側に置くと安定する。首を長く伸ばすようにし、視線は斜め下に。

テレビを観ながら

2 ローラーを押しながら背中を動かす

両手でローラーを押し、ゆっくりと背中を丸めたら、次に背中を反らす。背骨をひとつひとつ動かすイメージでゆっくりと10回ほどくり返す。

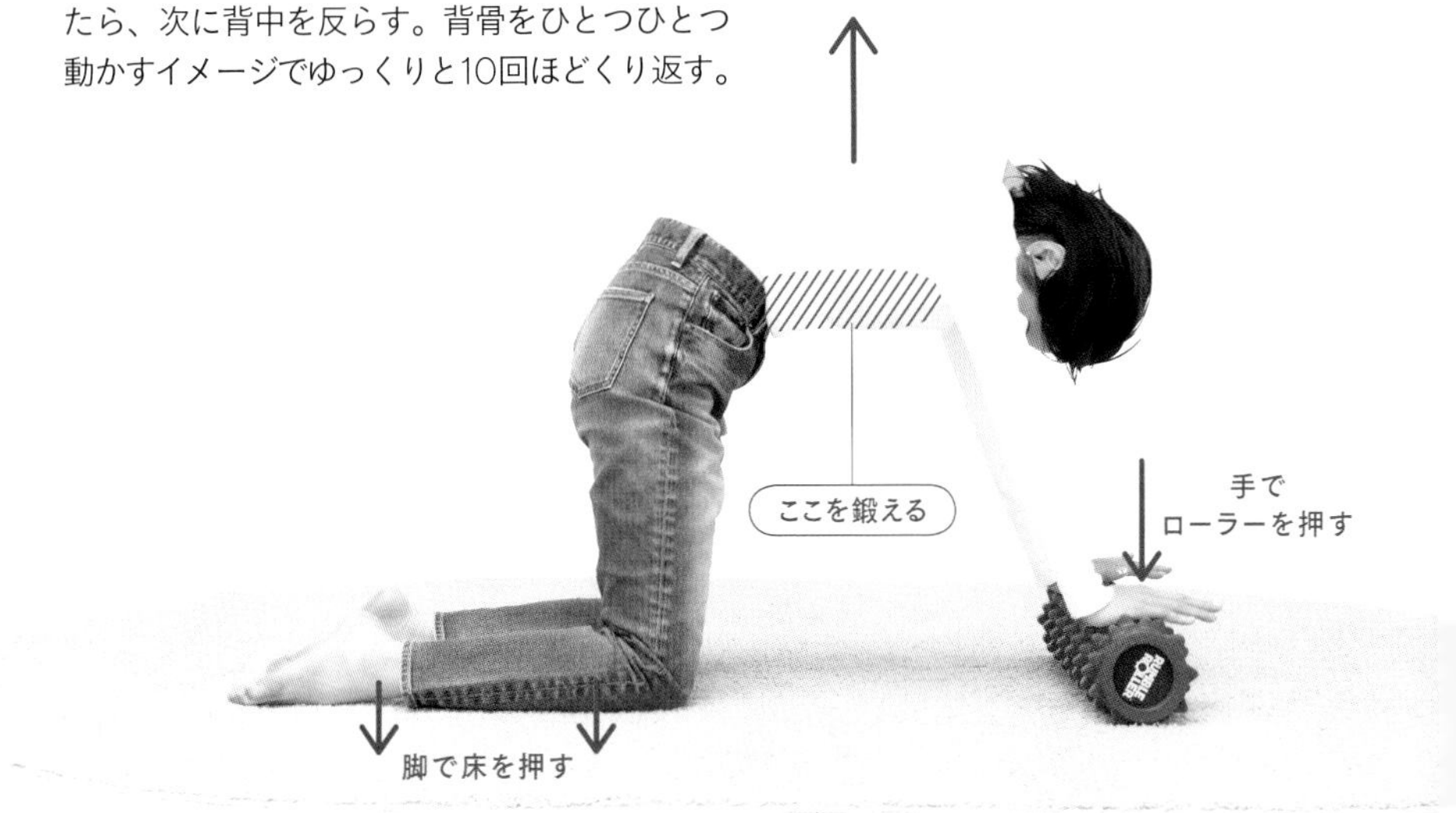
ここを鍛える
手で
ローラーを押す
脚で床を押す

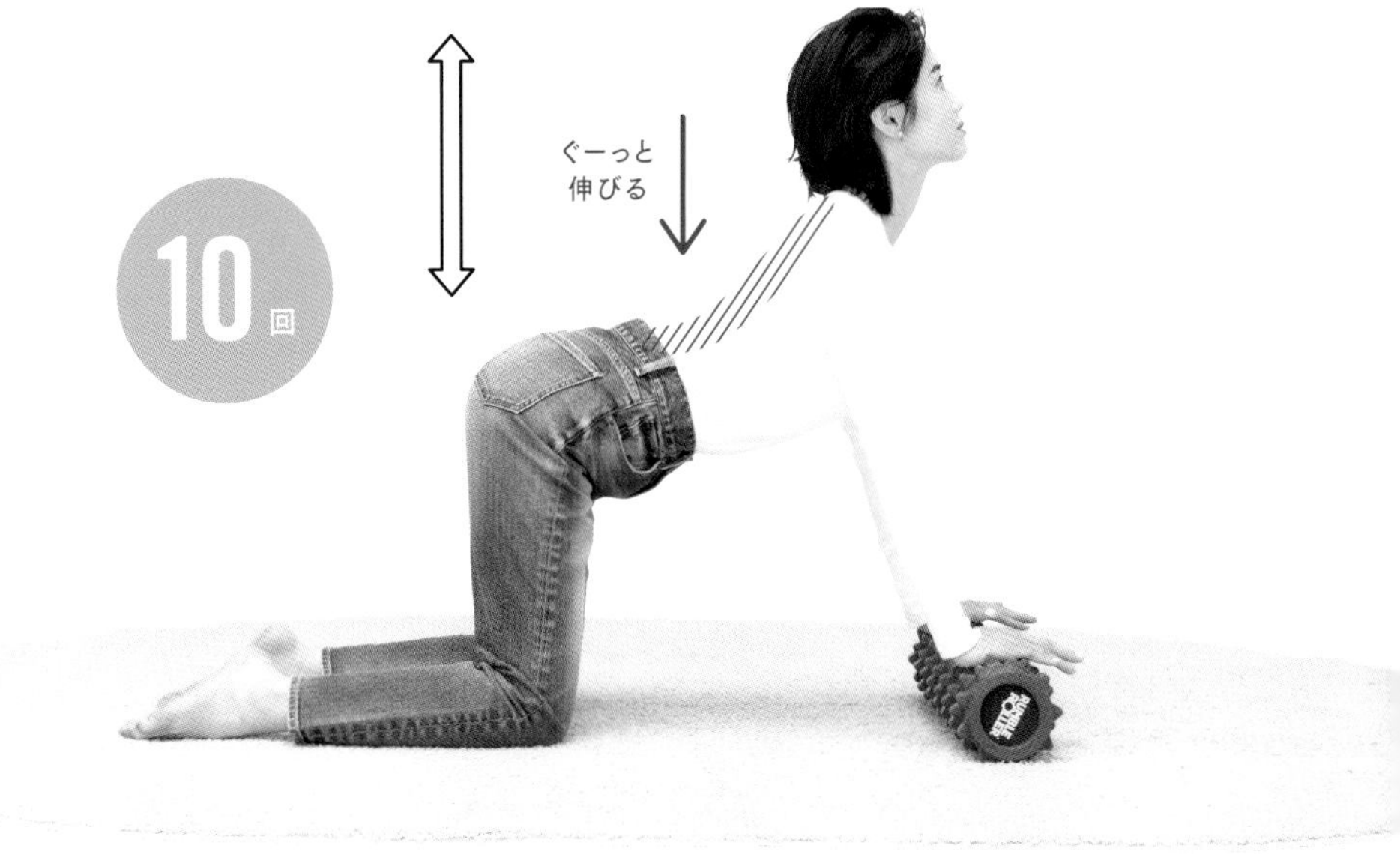
10回
ぐーっと
伸びる

hogupila WORKOUT

STEP2

P058-071

これだけでもOK!

全身の疲れを取って痩せ体質をつくる

基本のほぐピラ

お腹を凹ませたいからお腹だけ、脚を細くしたいから脚だけ……。
それではキレイなボディラインはつくれません。
まずは体の巡りをよくするほぐピラで痩せ体質のベースづくりを。

RUMBLE ROLLER

STEP2_

基本のほぐピラ

“痩せにくい”は体の注意信号。背骨をほぐして疲れをオフ

最近、何をしても痩せない。体重は変わらないのにボディラインの崩れを感じる。寝ても疲れが取れない……。そんな悩みを抱えていませんか？

こんな悩みを持つ人の多くは、とてもがんばり屋さん。仕事も家事も育児も一生懸命がんばって、気力で前へ進もうとしているけれど、体は悲鳴を上げています。今のボディラインや不調は体からの注意信号。体の疲れを取ってあげることが大切です。

そんな全身の疲れを取るポイントが背骨の動きをよくすること。体が疲れている人は、肋骨が開いていたり、背中が丸く厚くなっていたり、肩こりや首こりがあります。これらはすべて、背骨の動きが悪くなっているために起こっています。

では、なぜ背骨の動きが悪くなると、体の状態が悪くなるのでしょう？

背骨には沿うようにして自律神経が通っています。自律神経には、交感神経と副交感神経があり、この２つの神経がバランスをとりながら、内臓の働きや血流、体温などを調節しています。ところが、長時間のスマホ使用やデスクワーク、睡眠不

足などで背骨の動きが悪くなると自律神経のバランスが崩れ、さまざまな不調が出現。血流も悪くなるので、老廃物が排出されず、痩せにくい体になるのです。

そんな疲れた体を、背骨を動かすことで、元に戻すのが「基本のほぐピラ」。特に背中側の首の下の骨からブラのホックの下あたりまでの背骨＝胸椎《きょうつい》をやわらかくすることで、首と背骨全体の動きがよくなります。そのためにまずは肩や胸の動きをよくする動きからスタートしましょう。

＼ ほぐピラの前と後に ／

肩の可動域CHECK

腕を回して肩と胸の動きを確認

動画で解説

ラクな姿勢をとり、片方の腕を上げて、軽くひじを曲げます。そのまま、肩甲骨を動かすイメージで腕を大きく回しましょう。エクササイズの前後に行って、肩と胸の動きの変化を確認。

見ながら動けるレッスン動画

肩こり解消・わき肉スッキリ！

基本 1 わきほぐピラ

わきの周辺は肩や背中、胸の筋肉が集まるところ。
ここが硬くなっていると腕の可動域が狭まり、老廃物がたまって、
腕やわきにぜい肉がつき、上半身がむくんで見えます。

ここに効く！

- 腕のむくみ
- バストアップ
- 猫背解消
- 肩こり改善

1

ローラーをわきの下にあてて、上下に動かす

横になり、両ひざを軽く曲げて、上の手は床に。わきの下にあてたローラーをゆっくりと上下に10回動かす。痛みがある場合は、ローラーの上にタオルをのせて行う。

ローラーをあてる場所

わきのくぼみから、バストの横にあたるようにセット。

左右 各10回

腕を遠くに伸ばすイメージで
ひざは軽く曲げる
手を床について体を支える
痛い人はローラーの上にタオルを！

2

ローラーの上で体を前後に動かす

1 で気持ちいいと感じたところで動きを止める。ローラーの上で体を前後に10回動かして、胸から背中をほぐす。

POINT

はじめは小さく、徐々に大きく動かす

はじめから大きく動かさず、小さな動きからはじめて少しずつ大きく動かします。徐々に可動域が広がるのを感じて。

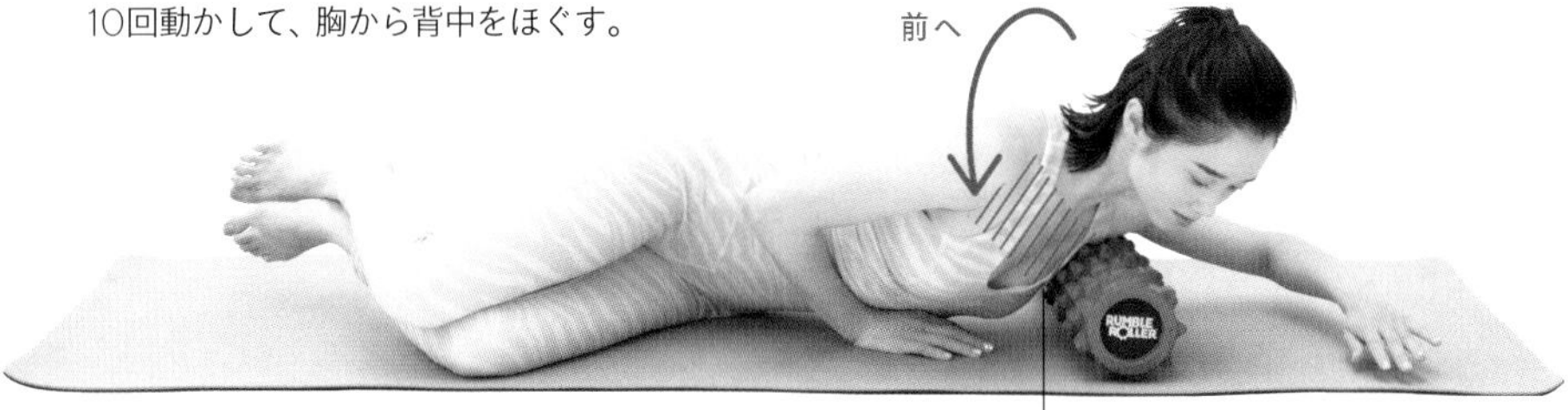
前へ
胸の前側をほぐす

左右各10回

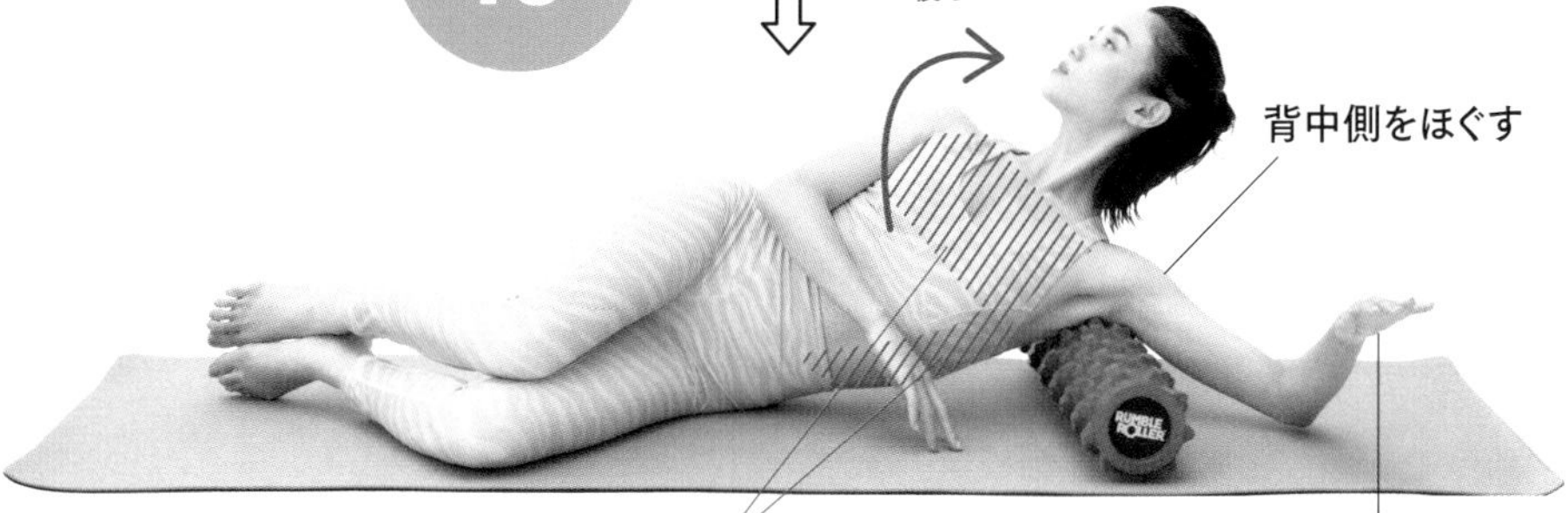
後ろへ
背中側をほぐす
ここを鍛える
手は床についていても離れていてもOK

台で高さを出すことで、負荷を軽くすることができます。専用の台がない場合は、雑誌や辞典などを重ねたり、小さな台を活用して。

痛みが強い人は
台を使おう!

3

ひじを曲げて水平に腕を前後に動かす

左右
各10回

わきにローラーをあてたらひじを曲げ、ひじの高さをキープして、水平に腕を押したり、引いたり、前後に10回動かす。

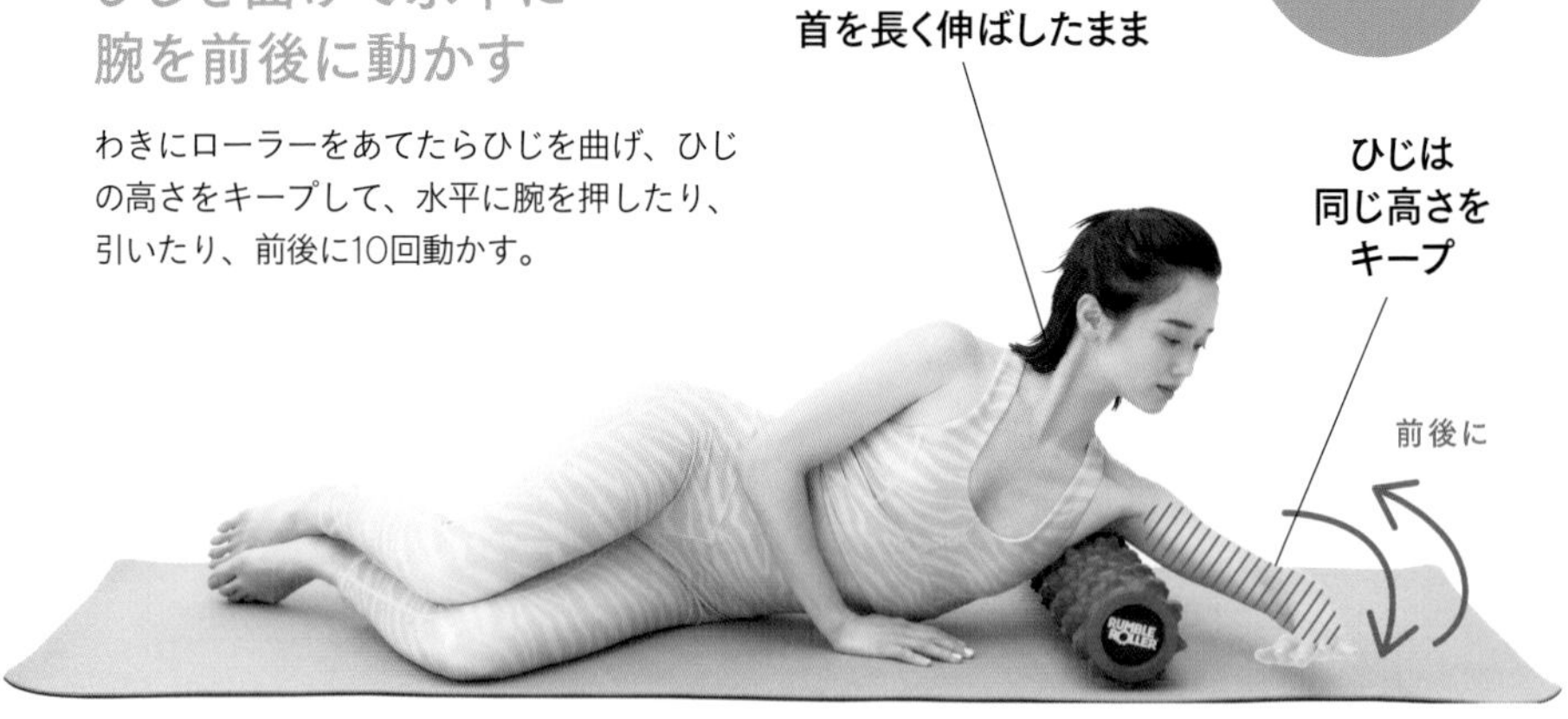
首を長く伸ばしたまま
ひじは
同じ高さを
キープ
前後に

POINT

体の感じ方の変化を確認しながら行う

腕を動かしたときに気持ちいい場所、こっている場所は毎日変わります。どの部分がこっているか、毎日の体の変化を確認。

4

わきをほぐしながらひじを上下に動かす

左右各10回

ひじを曲げて、上下に動かす。小さい動きからはじめて、徐々に腕を高く上げるように大きく10回動かす。**1**〜**4** を反対側も同様に。

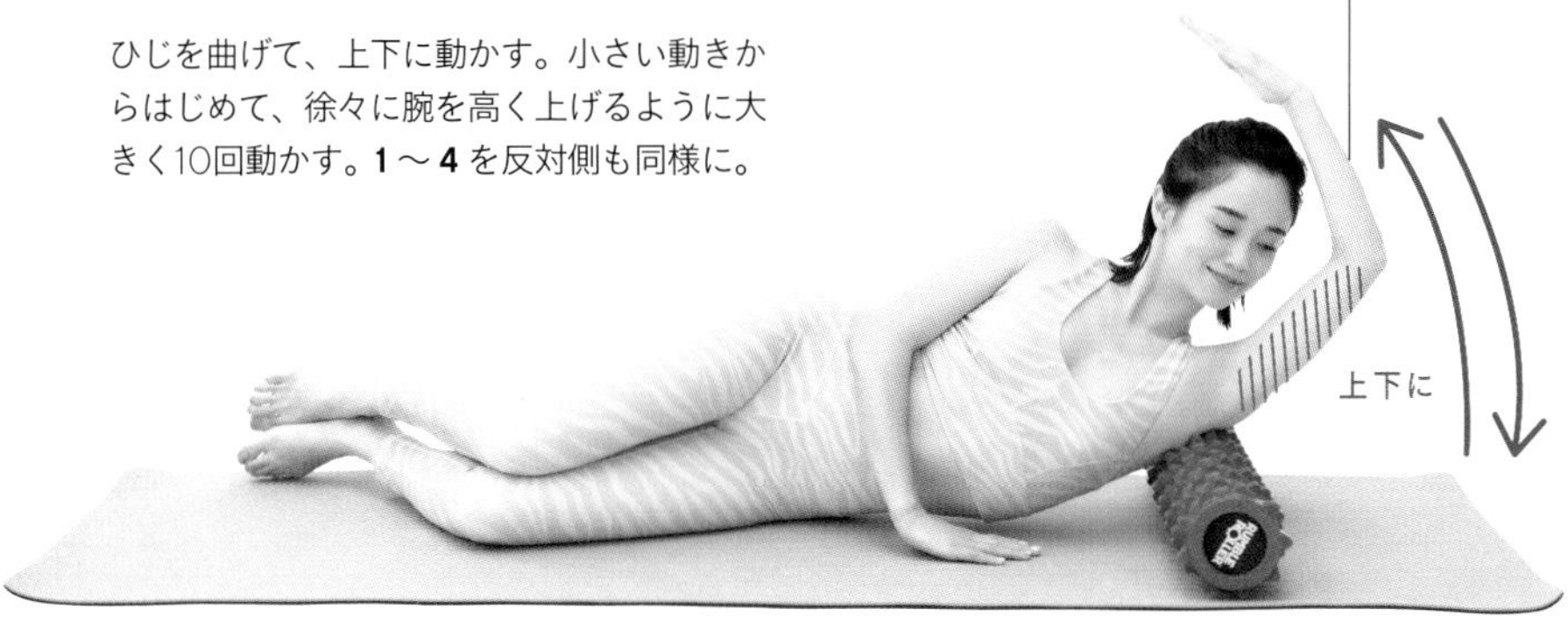

見ながら動ける
レッスン動画

呼吸が深くなって自律神経が整う

基本 ② 背中ほぐピラ

緊張やストレスが続くと、背中側の首の下からブラのホックの
下あたりにかけての背骨＝胸椎が硬くなります。ここがやわらかくなると、
背骨がよく動くようになるので、呼吸が深くなります。

ここに効く!

- ✓ 呼吸が深くなる
- ✓ 自律神経の調整
- ✓ 背中を美しく
- ✓ 猫背解消

1

背中にローラーをあて 体を上下に動かす

お尻を床につき、上体を倒して、ローラーを背中にあてる。両ひざを立てて足を腰幅に開く。両手で頭を支えたら、お尻を浮かせて、ローラーをゆっくり上下に10回動かす。

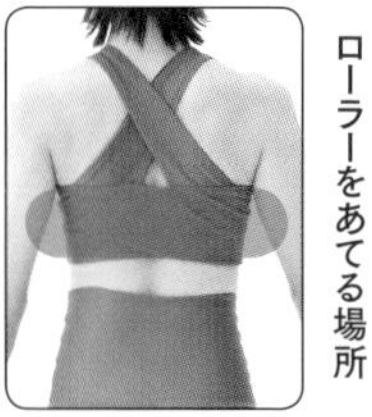
ローラーをあてる場所

ブラのホックの下から肩までの間で、気持ちいい場所にあてる。

10回

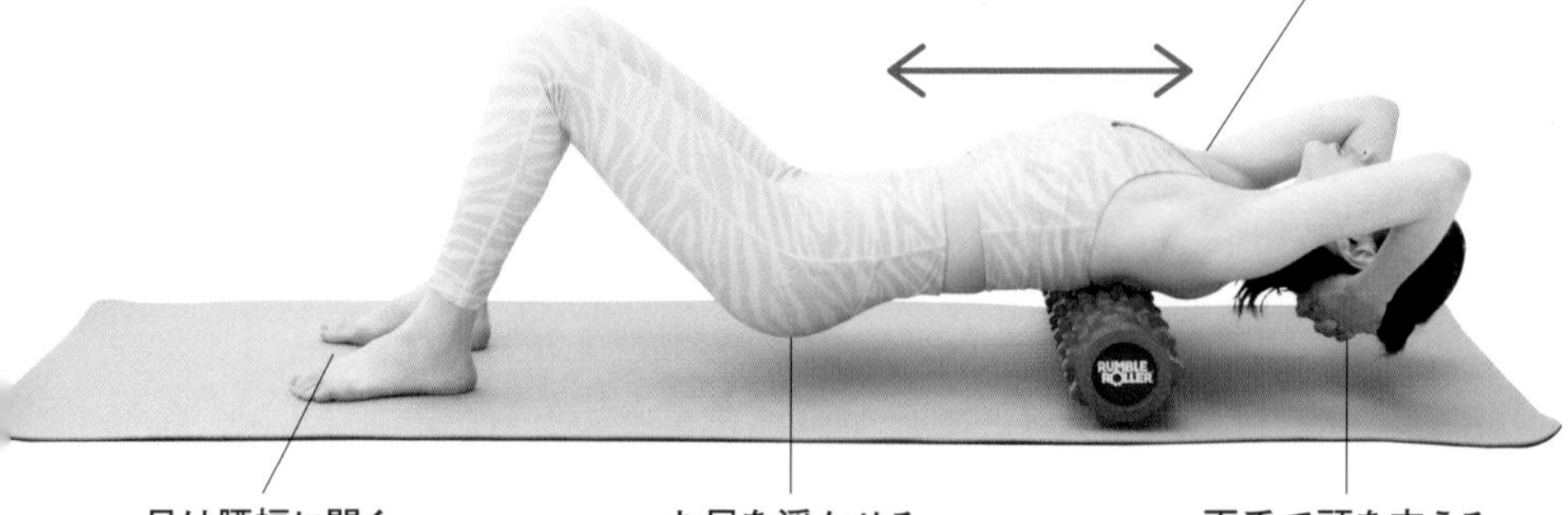
上体はもっと起こしてもOK
足は腰幅に開く
お尻を浮かせる
両手で頭を支える

痛みが強い人は
台を使おう！

1のポーズで痛みを感じたら、ローラーの下に台を置いて、お尻を床について行いましょう。また、ローラーがあたって痛い人はローラーの上にタオルを。

POINT

頭がグラグラしないようゆっくりと動かす

頭を動かすときにグラグラしないように、ゆっくりと動かして。また、途中でローラーがあたる位置をずらしてもOK。

2

呼吸に合わせて頭を上げたり下げたり

10回

気持ちいいところで動きを止め、お尻をつく。息を吸いながら頭をマットのほうへ近づけ、息を吐きながら頭を起こす。10回。

胸を開く
吸う
ひじを開いて
頭を下げる

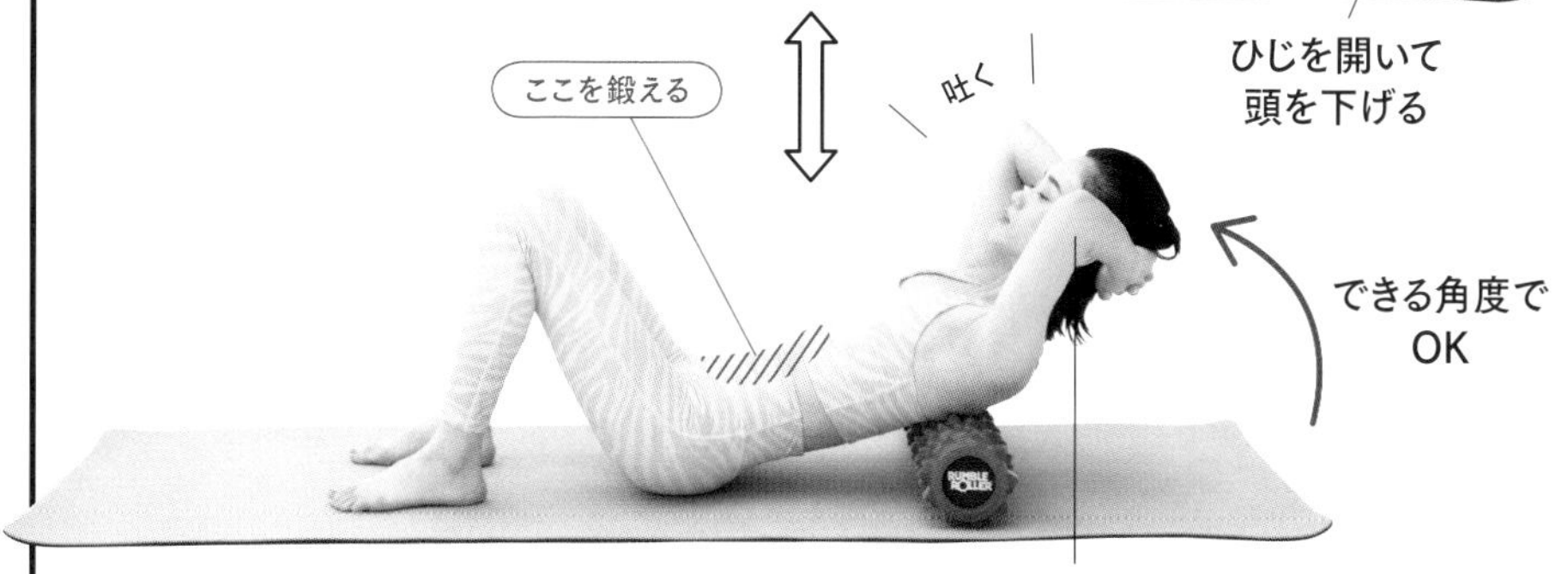
ここを鍛える
吐く
できる角度で
OK
ひじを寄せて頭を起こす

3

ひじを開いて
上体を左右にねじる

5回

頭を下げた位置でキープし、手で頭をしっかり支え、ねじった側のひじを開きながら胸を開いて、上体を左右に5回ねじる。

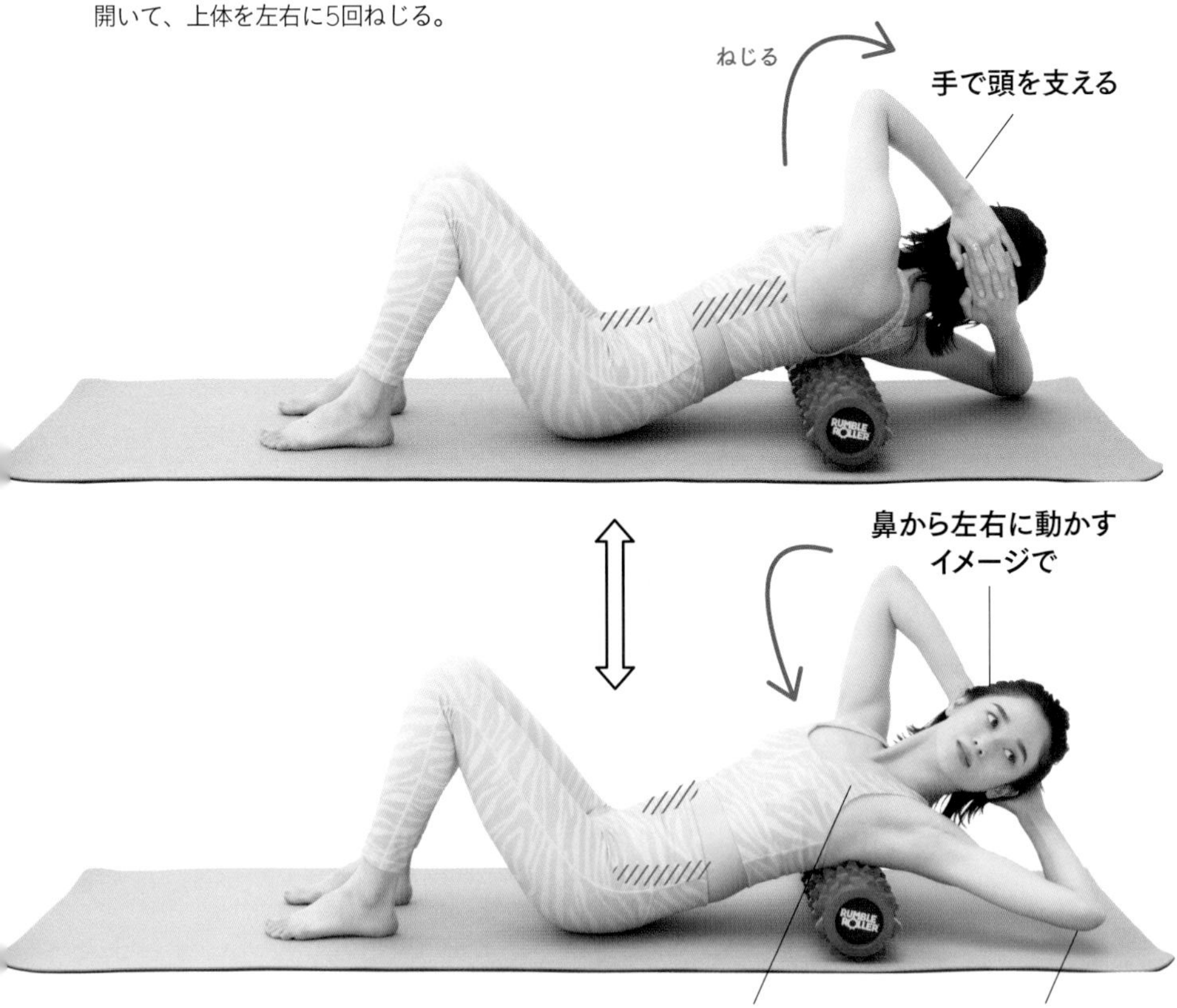

ねじる
手で頭を支える
鼻から左右に動かす
イメージで
胸を開く
ひじを開く

4

胸から上を振り子のように左右に動かす

頭をもう少し下げ、あごを引いて胸から上を振り子のように左右に動かす。わき腹をアコーディオンの蛇腹のように伸縮させて5回。

POINT

動かすときは頭だけでなく胸椎を動かす

頭だけを動かすのではなく、首からブラのホックの間の胸椎を動かしながらほぐすイメージで。背骨がより動くようになります。

5回

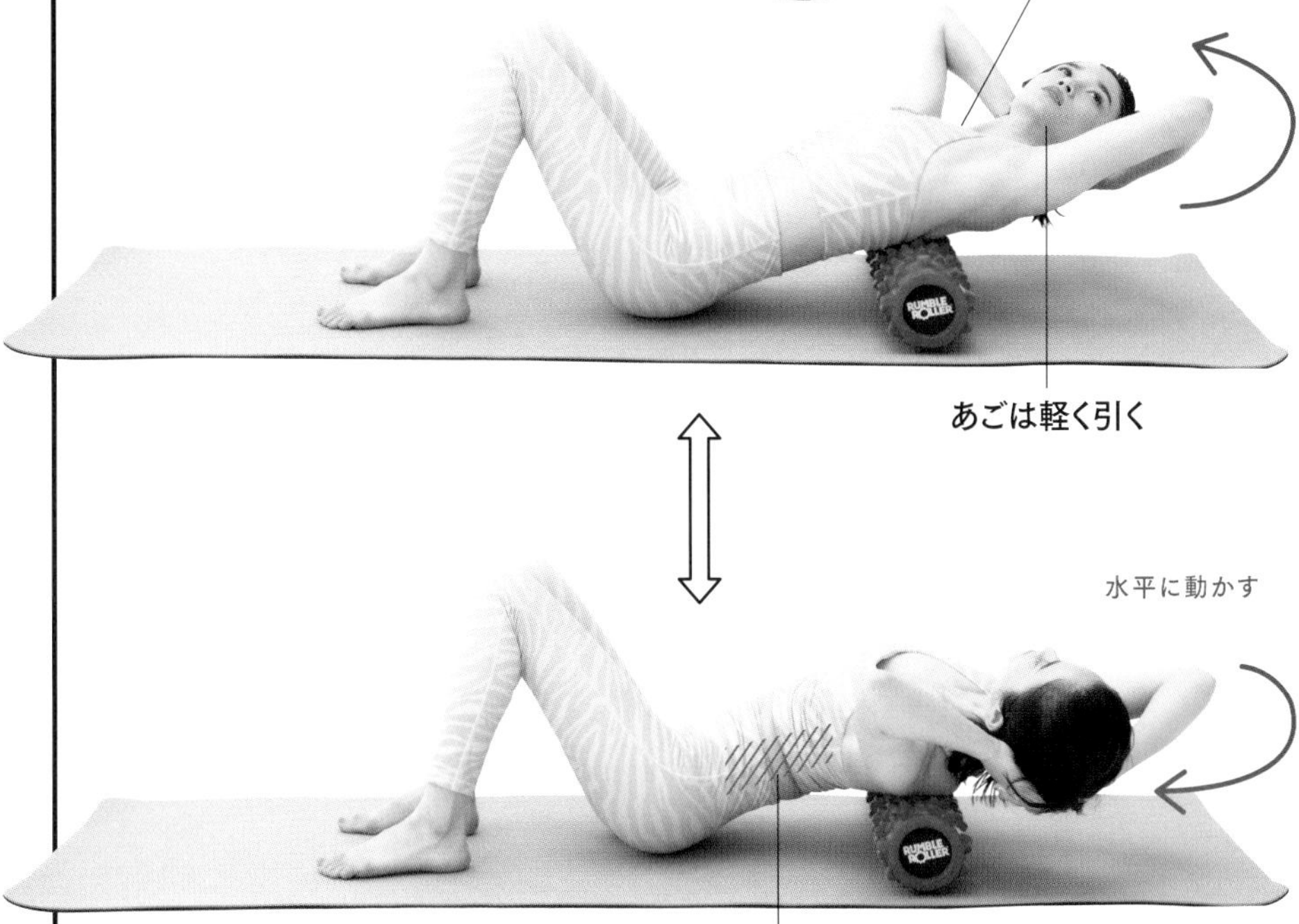

首こり、ストレートネック……

首に問題がある人が急増中！

COLUMN

トレーニングを担当させていただく中で、
首がパンパンなのに、ご自身ではまったくそのことに
気づいていらっしゃらない方が多いことに驚きます。
スマホやパソコンを使うシーンが急激に増えた昨今は、
首に問題がない人のほうが少ない、といえるほどの時代。
常に首を前に出し、背中を丸めているので、
首や頭部の筋肉がカチコチ。それを放っておくことで、
肩こり、首こり、眼精疲労などの不調だけでなく、
顔のむくみ、前に出た短く太い首、二重あご、猫背など、
見た目にも、美しいとはいえない印象を与えます。
そこでおすすめなのが、首をほぐす「首ほぐピラ」。
えり足あたりにローラーをあてて、
頭をゴロゴロするだけ。
首まわりから頭部にかけての血流がよくなり、
視界がパッと開けたように感じるでしょう。
ほぐすときは頭を大きく動かさずに、小さく小さくが
ポイントです。目が疲れたとき、寝転んだタイミングなど、
毎日の習慣に、ぜひ加えてください。

動画をCHECK

首まわりの血流をよくして疲労回復

首ほぐピラ

1 えり足にローラーをあて頭を左右に振る

えり足あたりにキャンディローラーをあててあお向けになる。鼻先を動かすように「いやいや」と頭を左右に5回小さく振る。

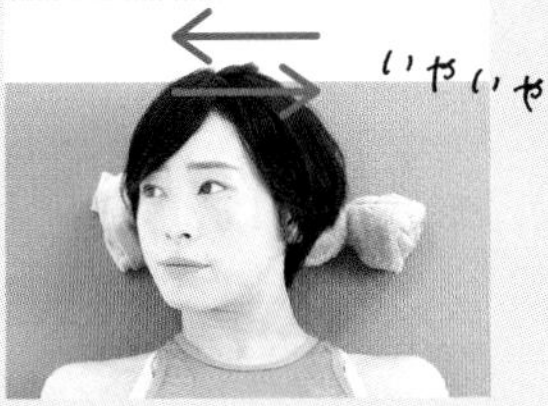

キャンディローラーを使おう

フェイスタオルとテニスボール2個とゴムでローラーを手作り。詳細はP 31へ。

2 うなずくように頭を上下に小さく動かす

次に、鼻から動かすように頭を上下に小さく「うんうん」と動かす。5回を目安に行う。気持ちいい箇所は念入りに。

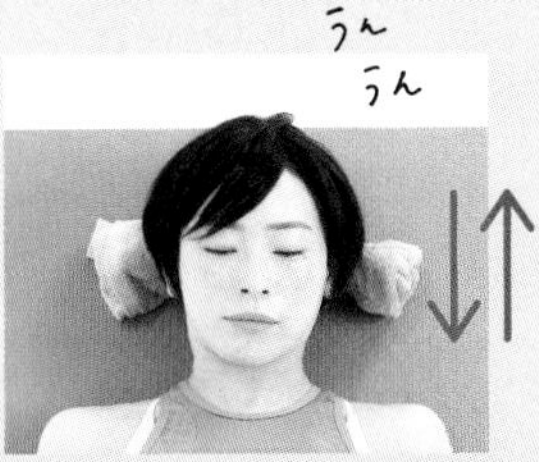

3 小さく円を描くように頭をゆっくりと回す

鼻で円を描くようなイメージで、頭を右回りにゆっくり5回回す。左回りも同様に。気持ちいい場所で上下、左右に頭を動かすのもOK。

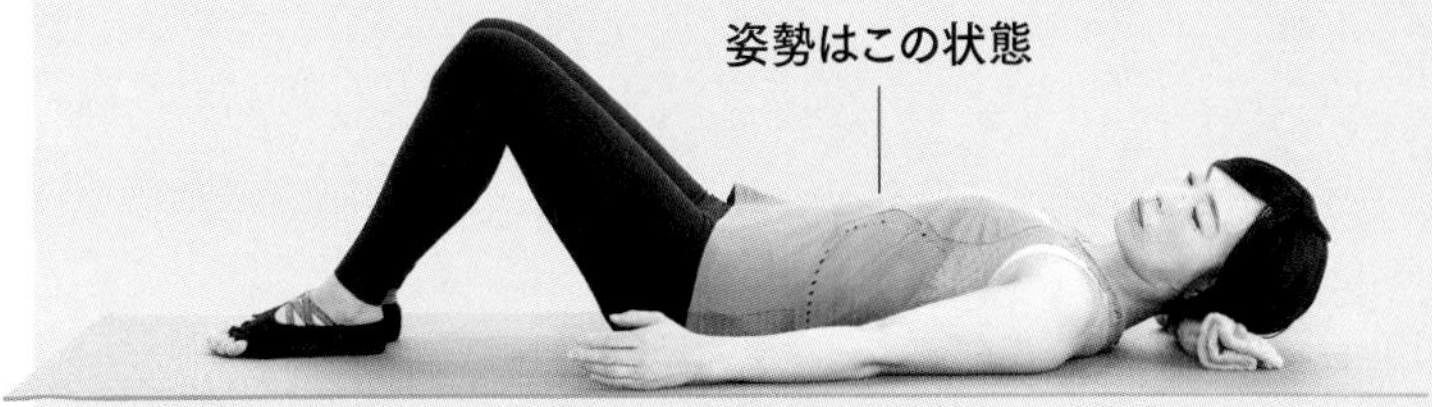

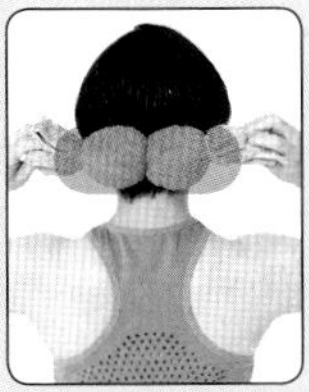

ローラーをあてる場所

頭部と首の間のえり足あたりにローラーをあてる。

hogupila WORKOUT

STEP3

P072-085

見た目の印象を変えたい人のための

上半身ほぐピラ

スマホやパソコンを使う日常生活で、腕や指は思った以上に疲れています。
その疲れを一手に引き受けているのが上半身。
肩こり、首こり、フェイスラインのたるみ、巻き肩、顔のむくみ。
上半身ほぐピラで現代人に多い不調を解消！

STEP3_
上半身
ほぐピラ

スマホ、パソコン生活で現代人の上半身は問題だらけ

お腹が凹まない、脚が太い、お尻が大きい……、ボディメイクの悩みをうかがうと、下半身の悩みを口にする人が少なくありません。でも、実はパッと見たときに印象に残るのは、下半身より上半身。自分自身の体の変化でさえ、下半身より上半身が変わるほうが印象に残るので、キレイになるモチベーションも上がります。

だから、どの部位からエクササイズをはじめようかな……と迷ったら、まずは上半身にアプローチするのがおすすめです。

運動不足なうえに、スマホやパソコンを使うのが当たり前の現代社会では、昔では考えられないほど腕や指が酷使されています。その腕や指の筋肉の疲労によって、肩まわりの関節の動きが悪くなり、二の腕が太くなったり、デコルテがむくんで鎖骨が埋まり、首が短くなったり、ブラからのハミ肉が厚くなったり、顔がむくんだりなど、上半身のシルエットによって、全身が締まりのない印象に。

さらに、マスクをすることが増え、顔のたるみや首まわりのシワで悩む女性が増えました。これはマスクをすることで上半身がこることも一因です。

そこで「上半身ほぐピラ」では、二の腕、デコルテ、背骨の硬くなった部位をほぐしながら、筋力の弱くなった首やわきの筋肉をピラティスの動きで鍛えていきます。また、上半身、特に首まわりは脳につながる神経が近いので、上半身をほぐすことで、脳の働きが活発になり、頭が冴えてくるという嬉しい効果も！　腕を使いすぎた日の習慣に、まずはひとつでもいいので続けてみましょう。

＼ ほぐピラの前と後に ／

腕の可動域CHECK

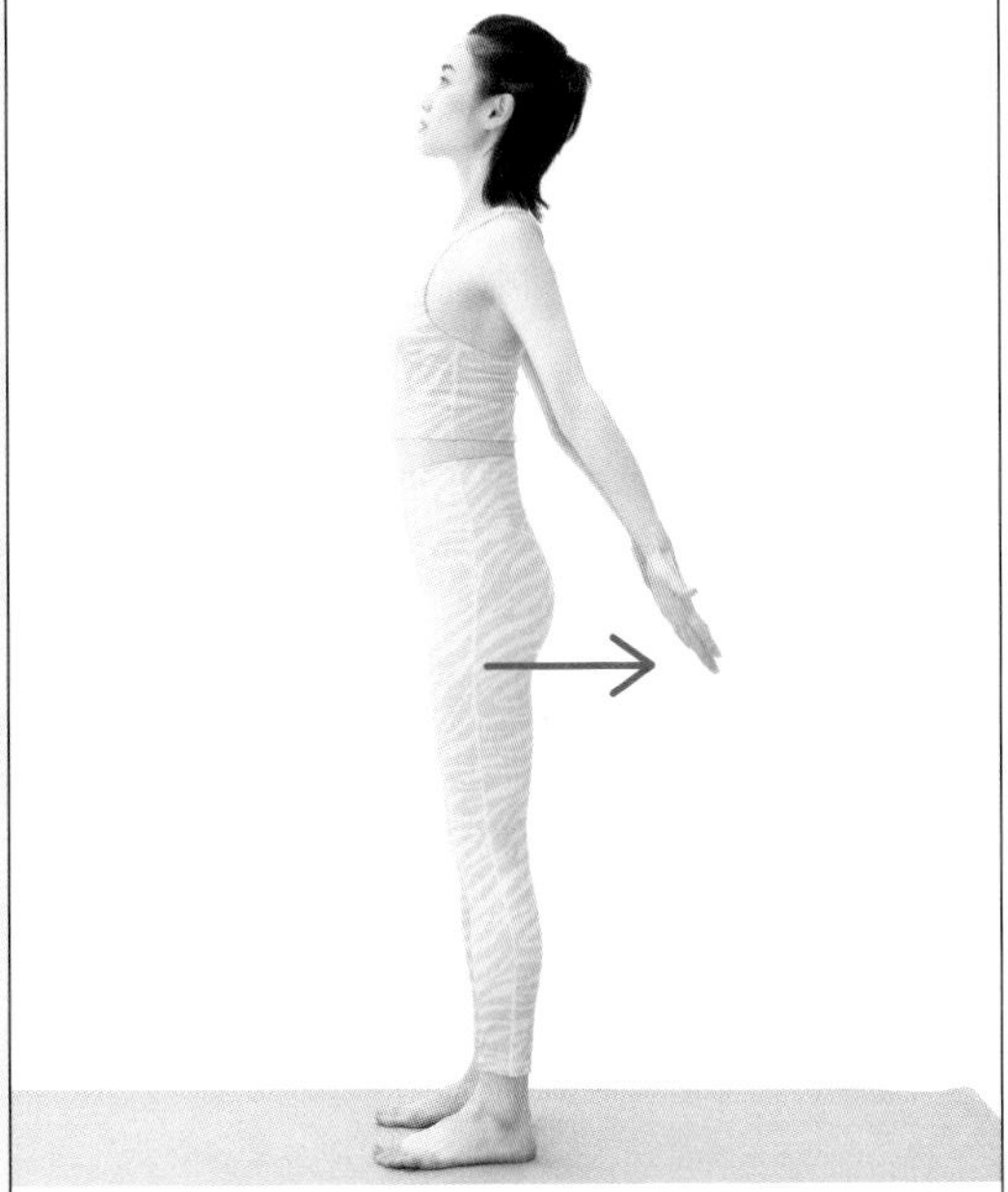

両腕を寄せて、後ろに引く

動画で解説

足を腰幅に開いて立ちます。手のひらを前に向けて、ゆっくりと肩甲骨を寄せるように両腕を近づけたら、後ろに引きます。背骨の反りすぎに注意。腕の伸びやすさを感じてみましょう。

見ながら動ける
レッスン動画

たるんだ振り袖肉がスッキリ

二の腕ほぐピラ ①

重い荷物を持ったり、スマホやパソコンの使いすぎで、二の腕は驚くほどこっているんです。ここをほぐすと、肩こりや腕の疲れがラクになり、振り袖のようにたるんだ二の腕が引き締まってきます！

1

二の腕をローラーにあて体を上下に動かす

横たわり、両ひざを曲げ、上の手を床について体を支え、反対側の二の腕にローラーをあてる。ゆっくりと腕を伸ばし、ローラーを転がすように体を上下に10回動かす。

ローラーをあてる場所

二の腕にあてて一度体を動かし、こりを感じた場所にセット。

ここに効く！

- ✓ 二の腕の引き締め
- ✓ 呼吸が深くなる
- ✓ くびれづくり
- ✓ 巻き肩改善

POINT

手のひらを返しながら二の腕をほぐす

二の腕の気になるラインやこっているところを見つけてほぐします。手のひらを返しながら行うとまんべんなくほぐせます。

左右各10回

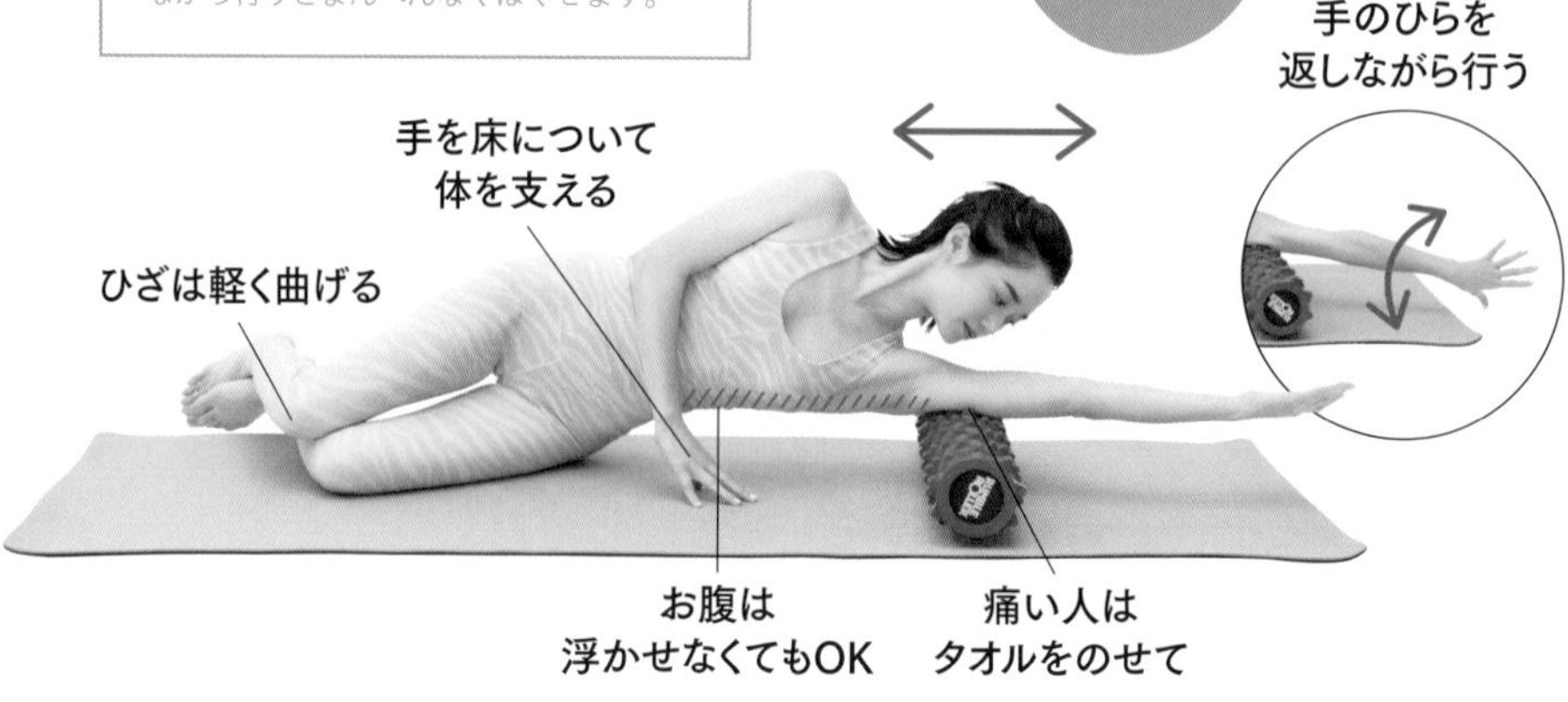
手のひらを返しながら行う
手を床について体を支える
ひざは軽く曲げる
お腹は浮かせなくてもOK
痛い人はタオルをのせて

2

左右各10回

腕を曲げたり伸ばしたりをくり返す

1でこっていると感じたところで動きを止める。その場所でひじを曲げたり、伸ばしたりを10回くり返す。

伸ばす

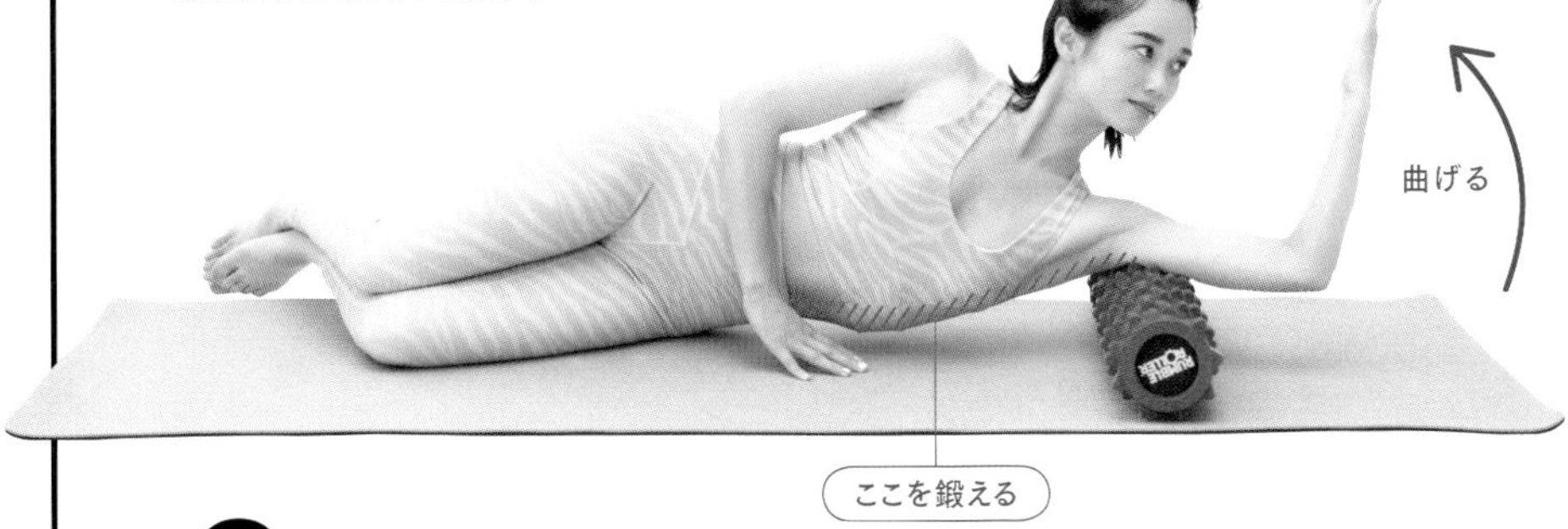
曲げる
ここを鍛える

3

左右各10回

腕相撲のように、腕を前後に動かす

次に、腕相撲をするように、ひじから先を前後に10回動かす。少し上半身が動いてもOK。**1**〜**3**を反対側も同様に。

上半身が前後に
動いてもOK
後ろへ

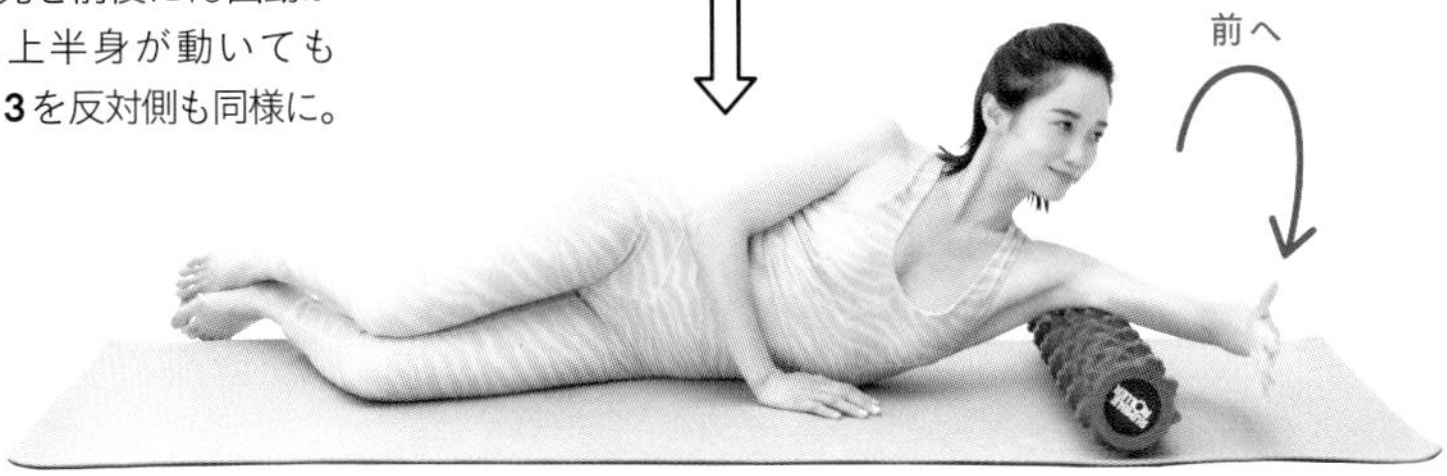
前へ

見ながら動ける
レッスン動画

カーヴィーなウエストをつくる！

二の腕ほぐピラ ②

二の腕をほぐしながらわき腹を刺激して、わきから体側につながる美しいくびれをつくりましょう。はじめはわき腹が床から浮かなくても、浮かせようと意識するだけで、十分に刺激できます。

ここに効く！

- ✓ ブラのハミ肉取り
- ✓ くびれづくり
- ✓ バストアップ
- ✓ 浮き輪肉オフ

1

ローラーを二の腕にあて、肋骨を床から浮かせる

横たわり、下の脚のひざを軽く曲げ、上の手を床について体を支える。反対側の腕を伸ばし、手のひらを上に向けて、ローラーを二の腕にあてる。息を吐きながら肋骨を床から浮かせ、吸いながら下ろす。10回。

ローラーをあてる場所

二の腕の気になる場所やこっているところにローラーをあてる。

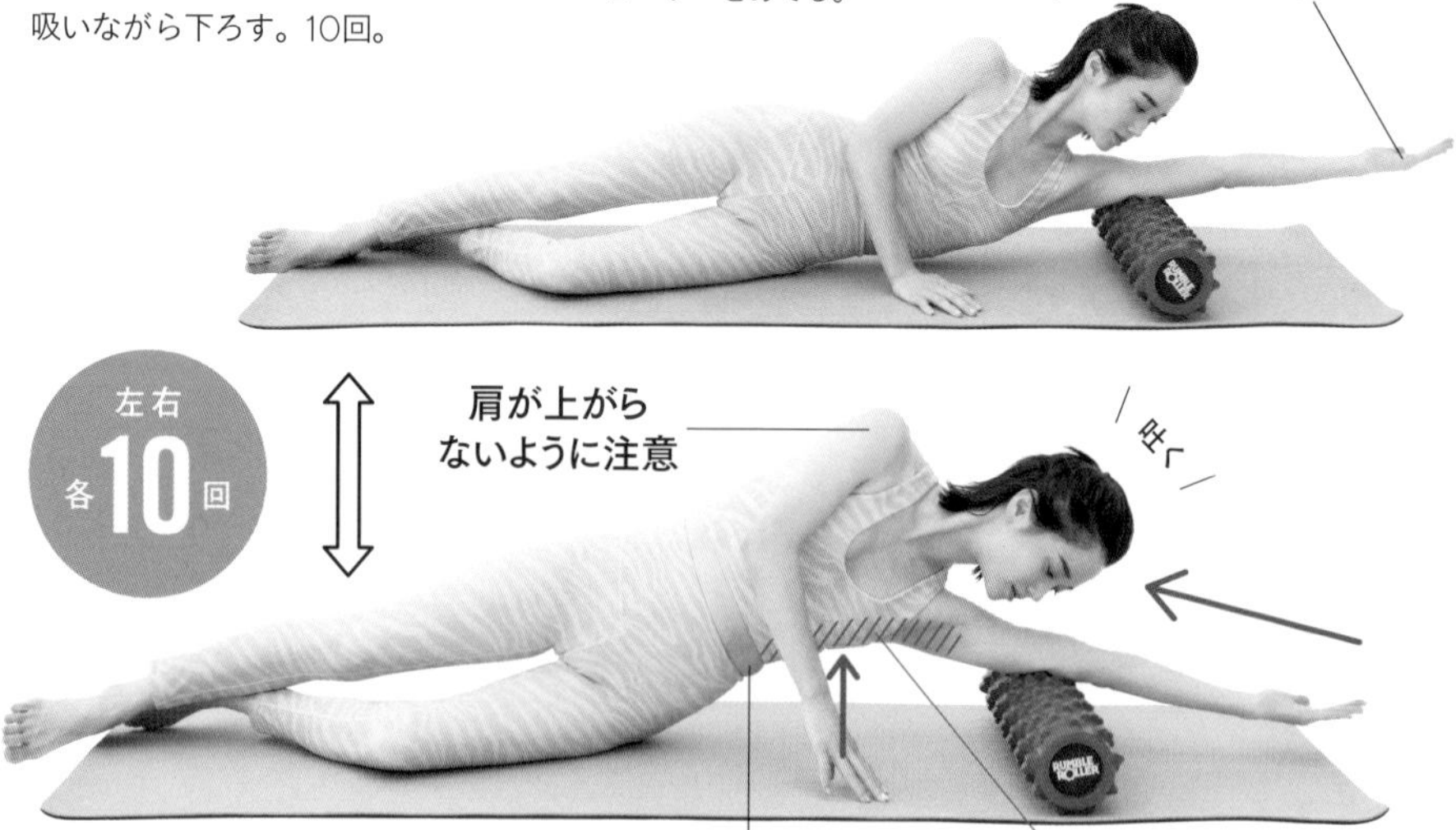
吸う
手のひらは上向き
肩が上がらないように注意
吐く
わき腹は浮かせようと力を入れるだけでOK
ここを鍛える

左右 各10回

※つらい人は、壁にローラーをあてて、立った状態で行ってください。

2

手のひらを下に向け
肋骨を床から浮かせる

次に手のひらを下に向け、ローラーに二の腕を押しつけて、息を吐きながら肋骨を床から浮かせ、吸いながら下ろすを10回。**1**～**2**を反対側も同様に。

POINT

肋骨が浮かなくても
浮かせる意識が大事

腹筋を使って肋骨を浮かせましょう。もし肋骨を浮かせることができなくても、浮かせようと意識するだけでも効果アリ。

吸う
上の脚を伸ばす
手のひらは
下向き

左右
各**10**回

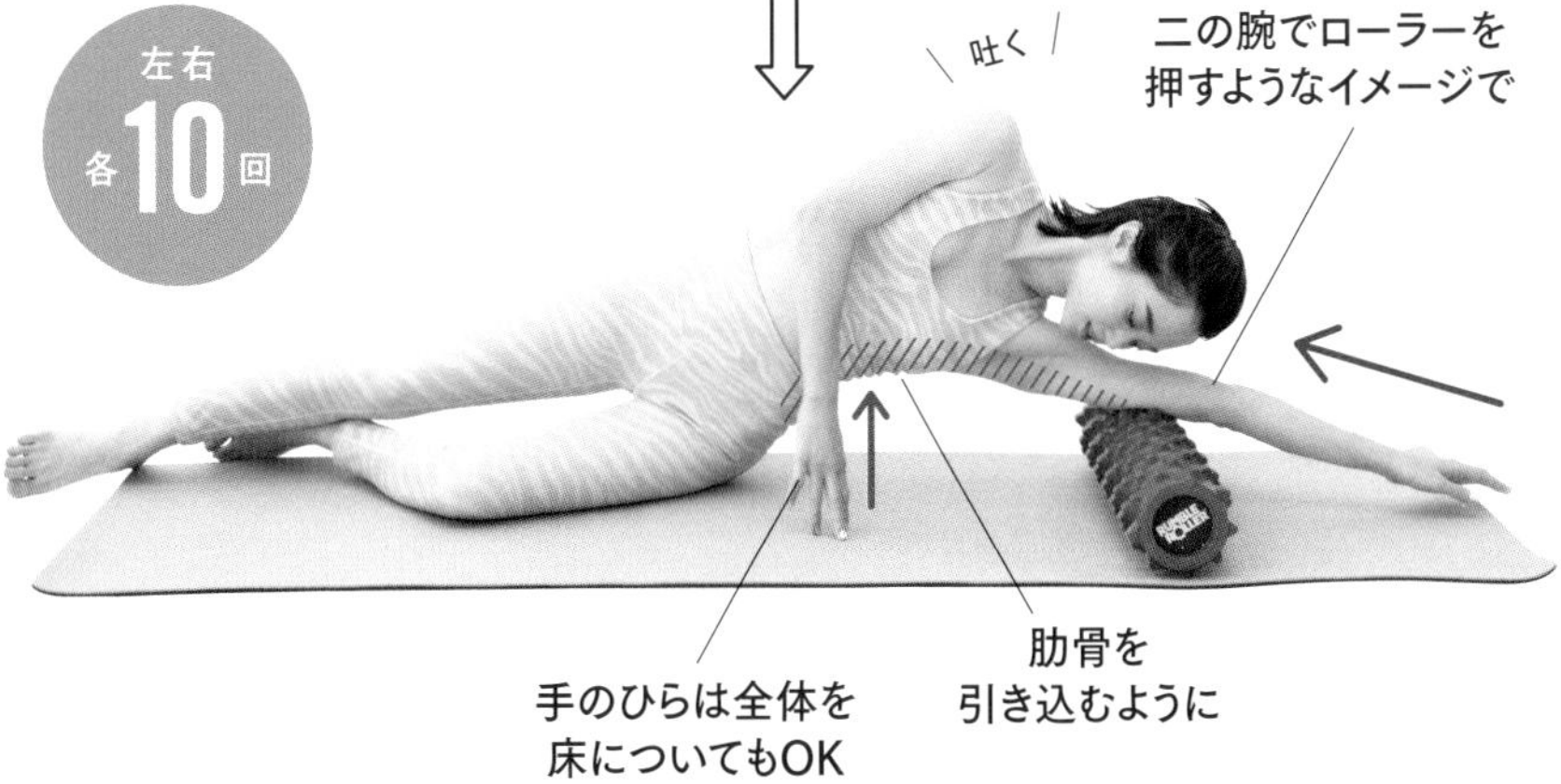
吐く
二の腕でローラーを
押すようなイメージで
手のひらは全体を
床についてもOK
肋骨を
引き込むように

後ろ姿美人になる!

肩甲骨ほぐピラ

見ながら動ける
レッスン動画

ストレスや緊張が強いと背骨まわりの筋肉が硬くなり呼吸が浅くなります。
ローラーで肩甲骨や背骨まわりの筋肉をほぐすと、呼吸が深くなり、
気分もリフレッシュ。埋もれていた肩甲骨が浮き出てきます。

ここに効く!

- よく眠れる
- 肩こり改善
- 美しい背中に
- 美姿勢になる

1

背骨にローラーを あてて体を 左右に揺らす

ローラーを縦に置き、ローラーの上に背骨があたるように、上体をのせる。両腕を横に広げ、お尻を上げ、左右に10秒、体を揺らす。

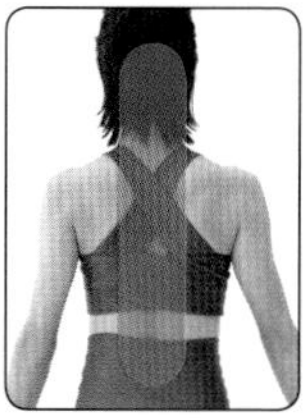
ローラーをあてる場所

後頭部の半分までローラーがあたるように背骨に沿って縦に置く。

10秒

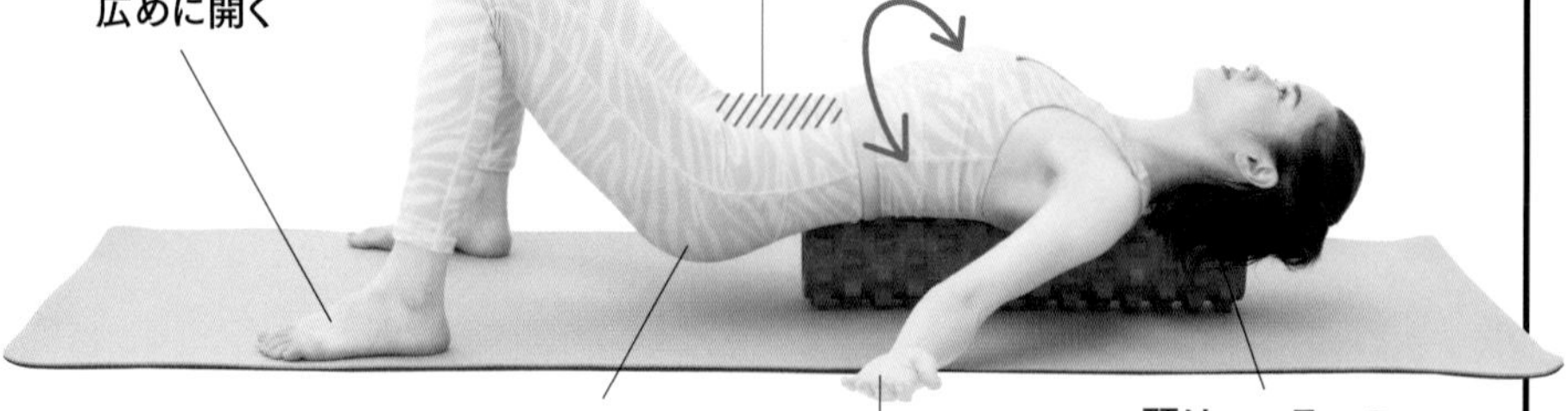
足は腰幅より
広めに開く
ここを鍛える
お尻を浮かせる
両腕を横に広げる
頭はローラーの
上にのせる

ローラーが頭まで届かない場合は、頭の下にローラーと同じ高さに重ねたタオルを置いて行いましょう。

ローラーが短い
場合は頭の下に
タオルを

POINT

心地よく揺らすことが大事！

まずは小さく、徐々に大きく揺らしてみましょう。大事なのは心地よく感じること。無理に大きく揺らす必要はありません。

2

腕を上から横に大きく回し肩甲骨を動かす

1 で心地いいと感じた位置で動きを止め、腕を上から横に大きく円を描くように10回回す。肩甲骨が動くのを感じながら行う。

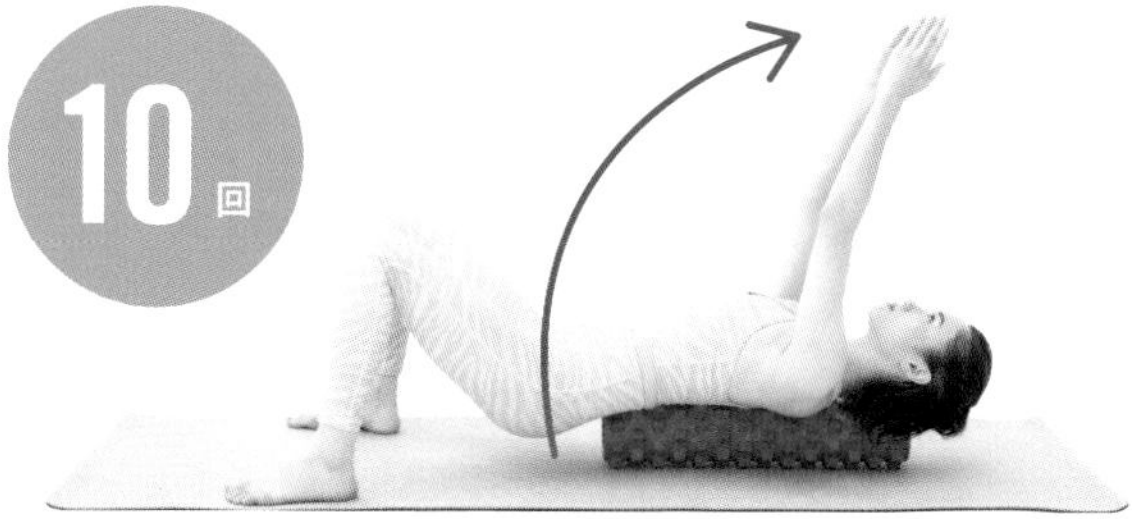
10回

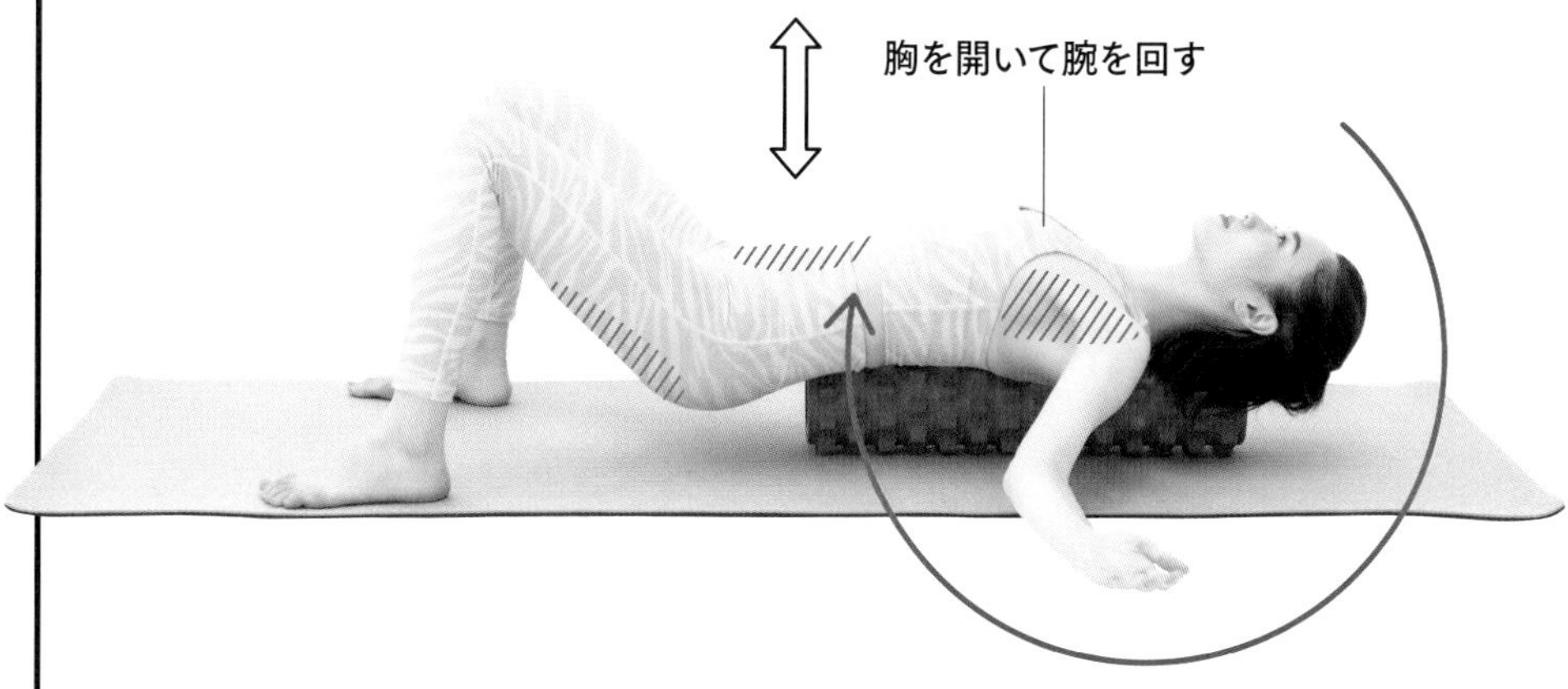
胸を開いて腕を回す

タートルネックが似合う、長く細い首に！

鎖骨下ほぐピラ

見ながら動ける
レッスン動画

下を向いた姿勢が続くと、肩が上がり首は縮んで、短い首に。
デコルテをほぐしながら、首を１センチでも長く伸ばす気持ちで動かして、
Vネックやタートルネックの似合う、華奢な首のラインに！

ここに効く！

- ✓ 呼吸がラクになる
- ✓ 首が長くなる
- ✓ 二の腕の引き締め
- ✓ 猫背解消

1

うつぶせになり両腕を小さく上げ下げ

うつぶせになり、鎖骨の下から胸の上にローラーをあてる。両ひざを閉じて曲げ、足首も曲げる。手のひらを下に向けて両腕を小さく10回上げ下げ。

ローラーをあてる場所

鎖骨の下から胸の上で、両肩までローラーをあてる。

10回

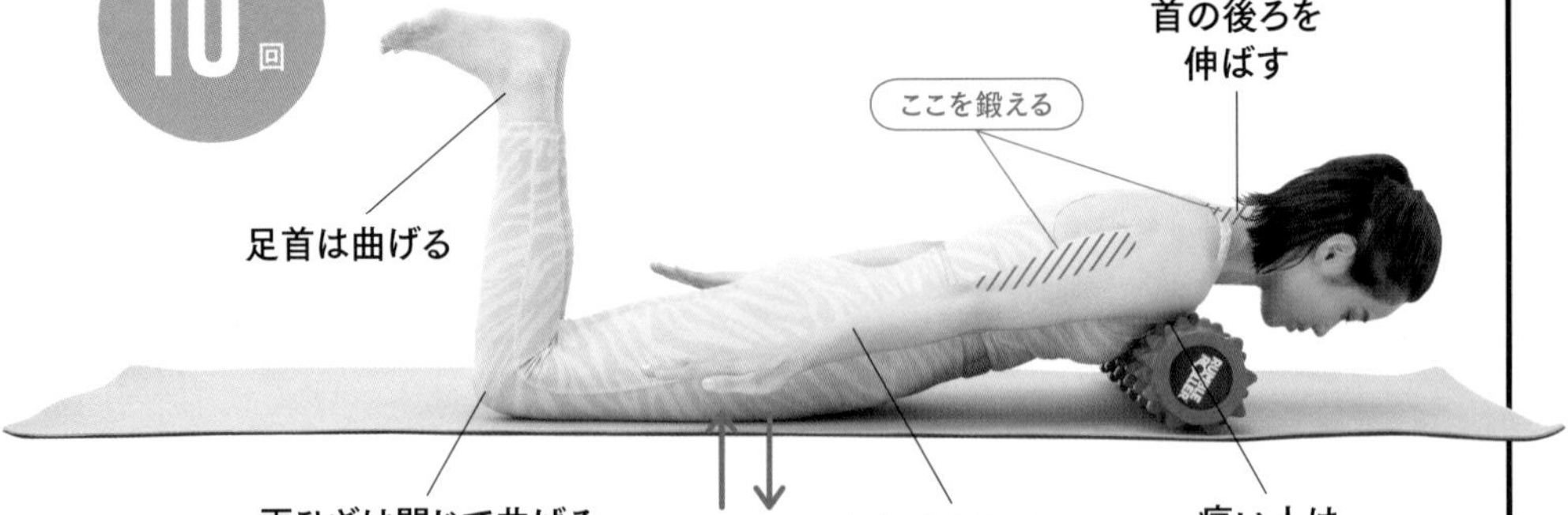
首の後ろを伸ばす
ここを鍛える
足首は曲げる
両ひざは閉じて曲げる
息を吐きながら腕を上げ、吸いながら下げる
痛い人はタオルをのせる

※つらい人は、壁にローラーをあてて、立った状態で行ってください。

うつぶせの姿勢で腰が痛い人や反り腰の人は、お腹の下に三つ折りにしたフェイスタオルを置いて。痛みがやわらぎます。

反り腰や
腰が痛い人は
お腹の下にタオルを

POINT

首の後ろを伸ばしたまま動く

首の筋肉が弱いと、すぐに首が短く縮みます。首の後ろを伸ばしたまま動くことで、首の筋力がつき、細く長い首に！

2

ゆっくりと頭を下げたり上げたり

1の姿勢をキープし、あごを引いて、頭を下げたり上げたりを10回くり返す。

10回

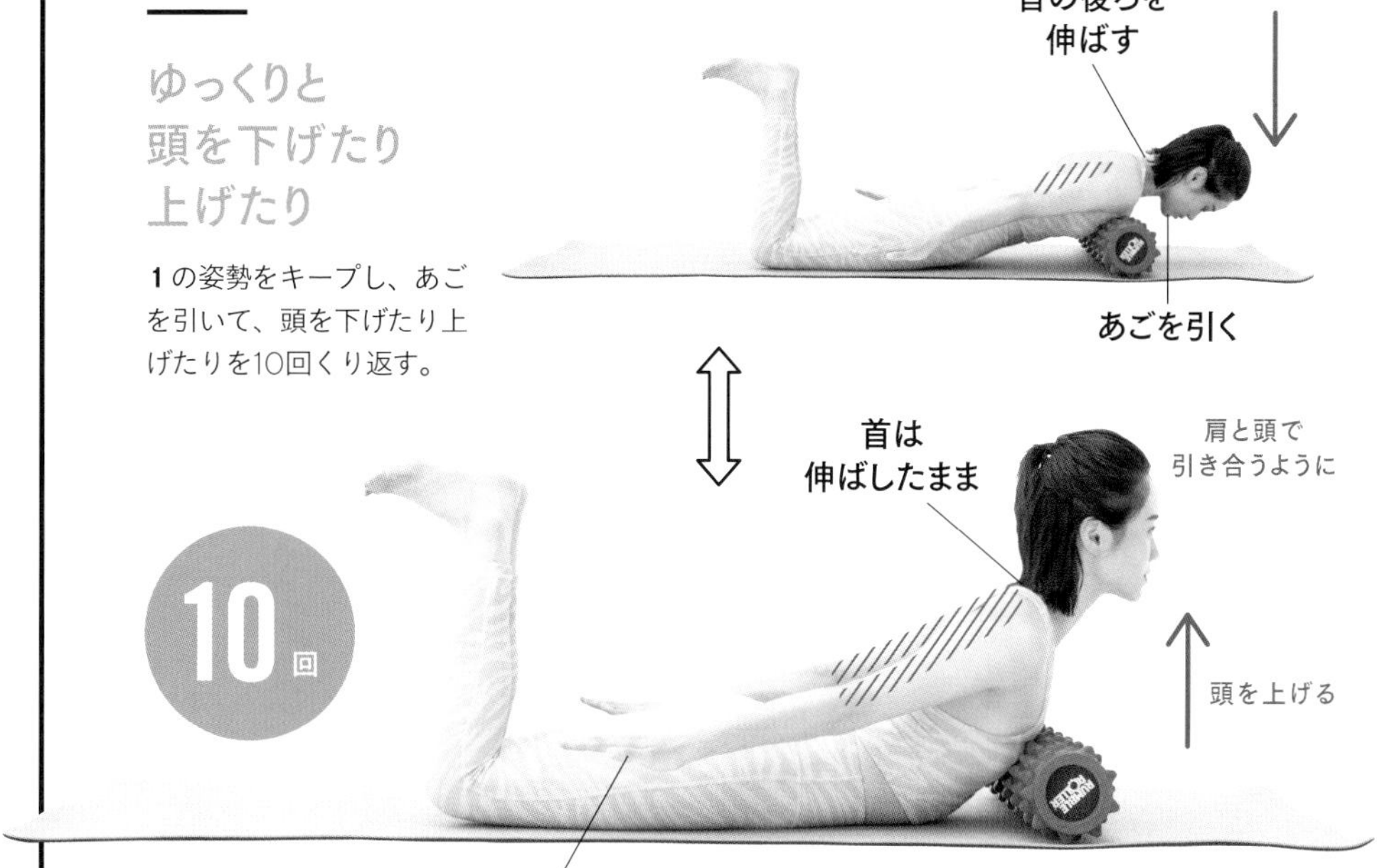
首の後ろを
伸ばす
あごを引く
首は
伸ばしたまま
肩と頭で
引き合うように
頭を上げる
手は床についていてもOK

※動画では余裕がある人向けの、エクササイズのバリエーションを紹介しています。

上半身のむくみを取って小顔にもなる

わきの前側ほぐピラ

見ながら動ける
レッスン動画

わきの前を手で押すとこりを感じませんか？　わきの前は気づかないうちに疲れがたまる場所。ここをほぐすと上半身のむくみが取れ、デコルテ、二の腕、背中、そして顔までスッキリしてきます。

ここに効く!

- 巻き肩改善
- 二の腕の引き締め
- 華奢な肩に
- 顔のリフトアップ

1

片方の腕を伸ばして床と水平に動かす

ローラーにわきの前をあててうつぶせになり、片方の腕を伸ばして内側にねじる。手の甲で床の拭き掃除をするように腕を床と水平に前後に10回動かす。

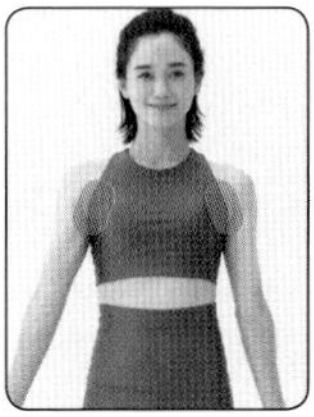
ローラーをあてる場所

マットにローラーを置いたら、わきの前に斜めにあてる。

左右各10回

腕を内側にねじる
両ひざを曲げる
顔は伸ばした腕の反対側に向ける
手の甲で床の拭き掃除をするように
床と水平に

2

斜めに引っ張り合うように腕を上げ下げ

次に、伸ばした腕の指先とあごの先を引っ張り合うようにして、腕を上げたり下げたりを10回。
1～**2** を反対側も同様に。

> **POINT**
>
> **痛みが強ければ立って行ってもOK**
>
> うつぶせで行うのがきつい人は、壁際に立って、わきと壁の間にローラーを押しあてながら腕を動かすと、負荷が軽くなります。

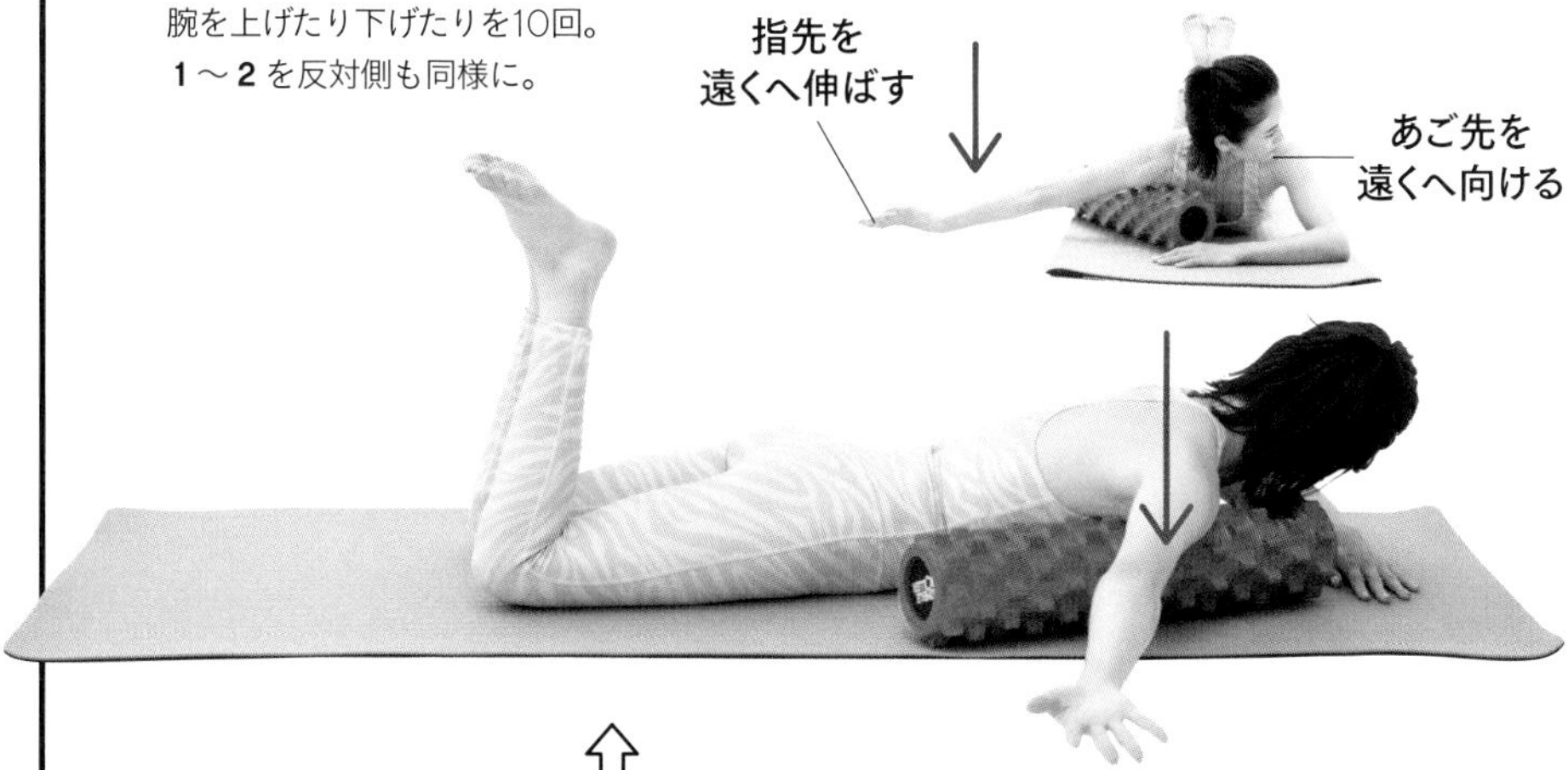
前から見ると
指先を遠くへ伸ばす
あご先を遠くへ向ける

左右各10回

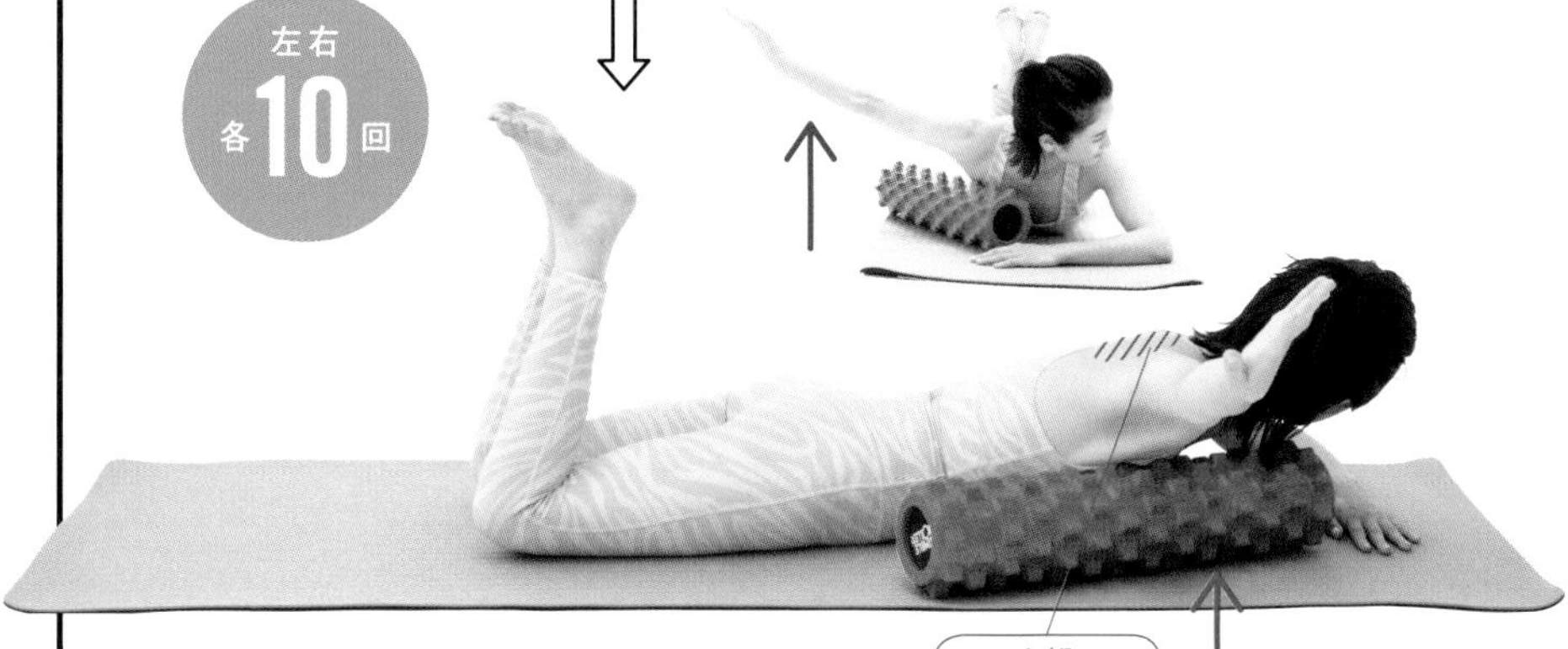
前から見ると
ここを鍛える

※動画では余裕がある人向けの、エクササイズのバリエーションを紹介しています。

hogupila WORKOUT

STEP4

P086-105

まっすぐ美脚を目指すなら

下半身ほぐピラ

○脚、X脚、脚の形が悪いのは直らない……とあきらめていませんか？　ほぐピラで股関節の動きがよくなると脚の形はスッキリ美しく、お腹まわりもサイズダウン！

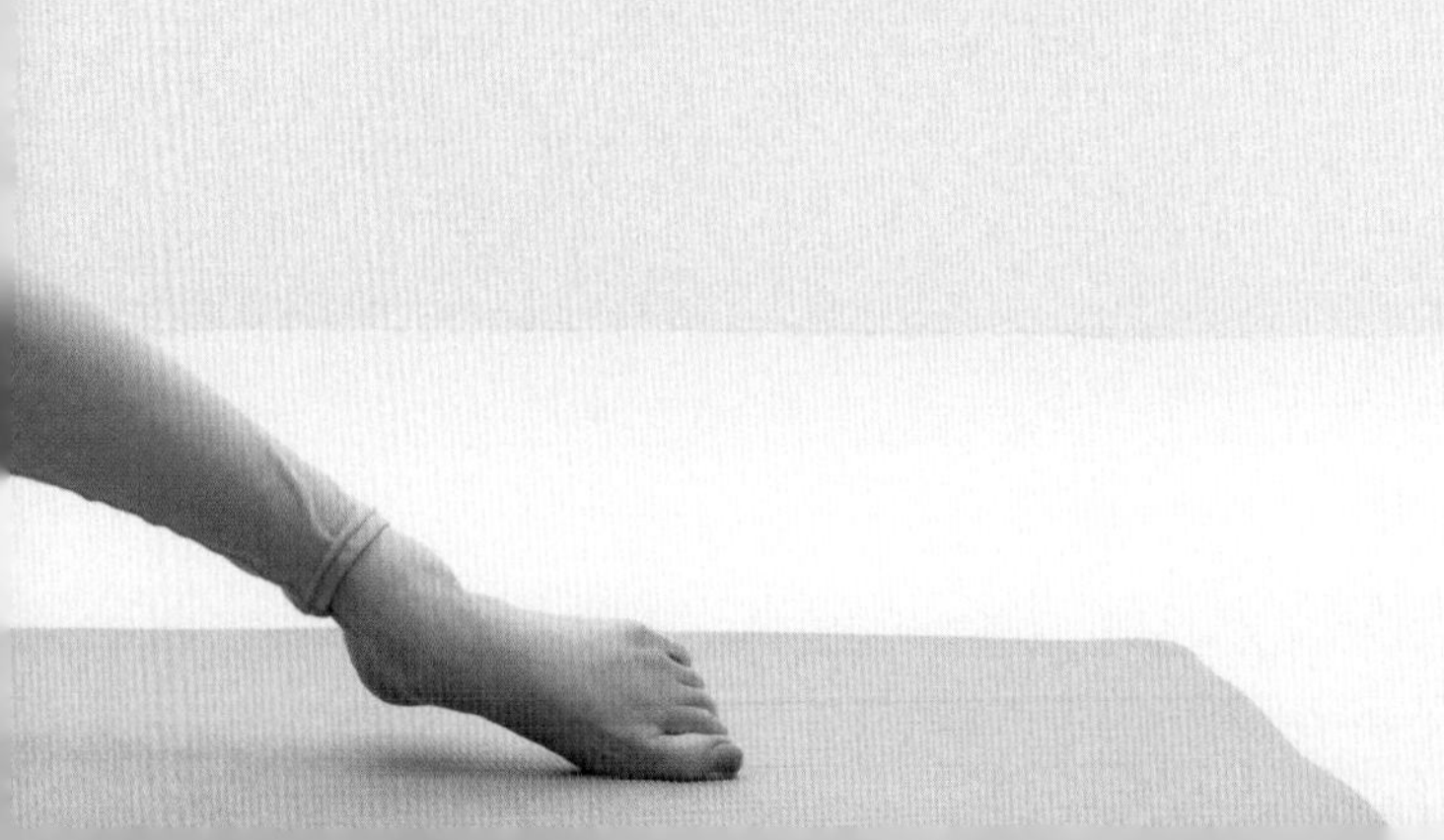

RUMBLE ROLLER

STEP4_

下半身
ほぐピラ

股関節まわりの筋肉をほぐし O脚やX脚もまっすぐ美脚に

下半身を細くしたいと思ったら、股関節にアプローチするのが近道です。股関節は太ももの骨と骨盤をつなぐ部分。股関節まわりの筋肉が硬くこわばっていると、股関節がスムーズに内側や外側にねじる動きができなくなり、骨盤の動きが悪くなり、ひざ下や足首に影響がでます。すると、脚の形が崩れるのです。逆にいえば、股関節の動きをよくすれば、直らないと思っていたO脚やX脚など脚の形の悩みが改善する可能性が高いのです。

さて、なぜ股関節の動きが悪くなるのでしょうか？

その原因は私たちの日常生活に潜んでいます。股関節は立つ、座る、歩くなど、毎日の私たちの生活に必要な動作と関係があります。ところが同じ姿勢が続いて、大きく体を動かすことが減ると、体幹の筋力が衰えてきます。特に長時間座り続けると、左右それぞれのお尻の中央にある坐骨に体重が偏ってのることになり、坐骨まわりに負担がかかり、お尻から脚の筋肉がカチコチに。それも股関節の動きを悪くしている大きな原因です。結果、理想とはかけ離れた太い下半身になるのです。

STEP4は、股関節まわりの筋肉をほぐして、股関節の動きをスムーズにすることが目標です。股関節まわりがよく動けば、外側に張り出していた脚がまっすぐ中央に寄り、美脚ラインに変わります。さらに、骨盤の動きもよくなるので、お尻や下腹がサイズダウン。下半身痩せには、この「下半身ほぐピラ」が欠かせません。

＼ほぐピラの前と後に／

股関節の可動域CHECK

円を描くように骨盤を回す

動画で解説

足を腰幅に開き、ひざは軽くゆるめ、手は腰骨の上へ。ゆっくりと円を描くように骨盤を回します。動かしたときに違和感を覚える場所を確認。あてた手で骨盤の動きも感じましょう。

見ながら動ける
レッスン動画

太ももの張りを取ってまっすぐな脚に

外もも・下腹 ほぐピラ

姿勢が悪いと脚の外側に体重をのせてしまうので、外ももはパンパン。
張り出した外ももをほぐしながら、お腹に力を入れてお尻を上げ下げして、
気になる太ももと下腹をサイズダウンしましょう！

ここに効く！

- ✓ 太ももの引き締め
- ✓ 小尻になる
- ✓ 便秘解消
- ✓ 尿もれ予防

POINT

こっている場所は毎日変わる！

日によってこっている場所は変わります。ローラーを転がし、こっている場所や傾きを探して行いましょう。

1

外ももにローラーをあて上下に転がす

横向きに寝て、下の脚の外ももにローラーをあてる。下の手は頭の下にあて、上の手は床につき、上の脚はひざを立てて足裏を床につける。体を上下に動かしてローラーを転がし、こっている場所を探す。

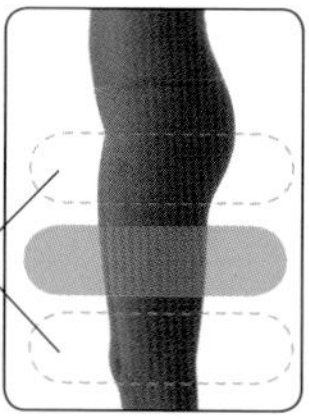
ここでもOK
ローラーをあてる場所

太ももの外側面で、ひざの横から股関節までの気持ちいいところ。

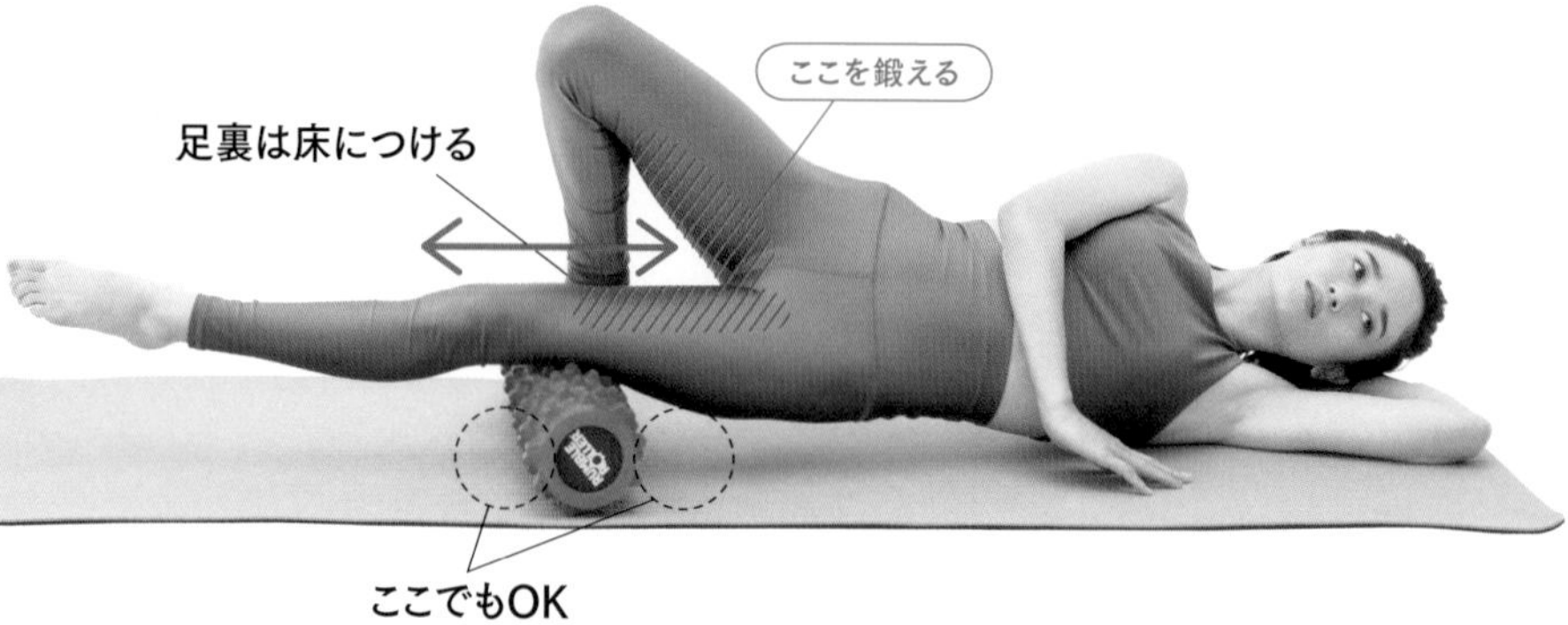
ここを鍛える
足裏は床につける
ここでもOK

2

左右各10回

上のひざを開閉して股関節を動かす

1 で心地よく感じる場所で動きを止めたら、上の足をローラーにのせ、ひざを閉じる、開くを10回くり返す。

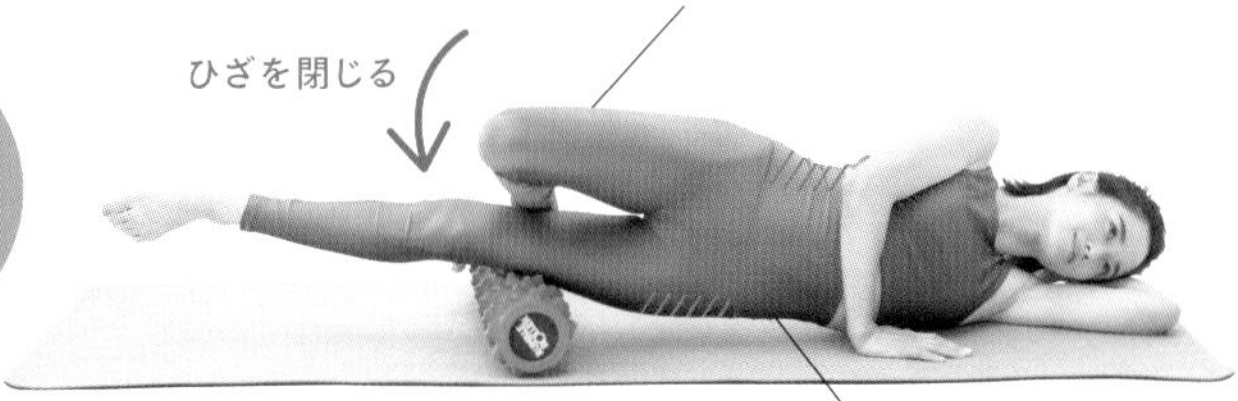
足はローラーにのせる
ひざを閉じる
お腹は浮かせなくてもOK

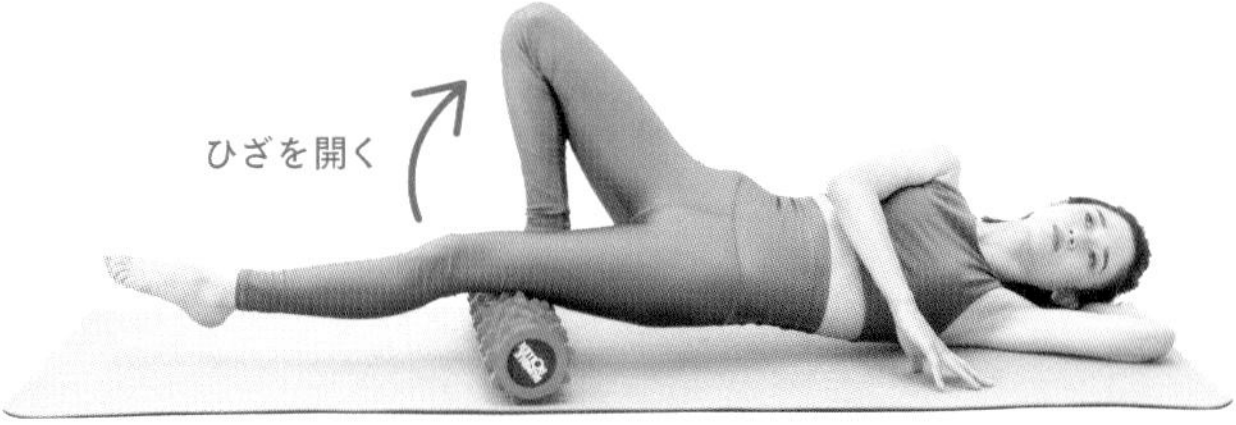
ひざを開く

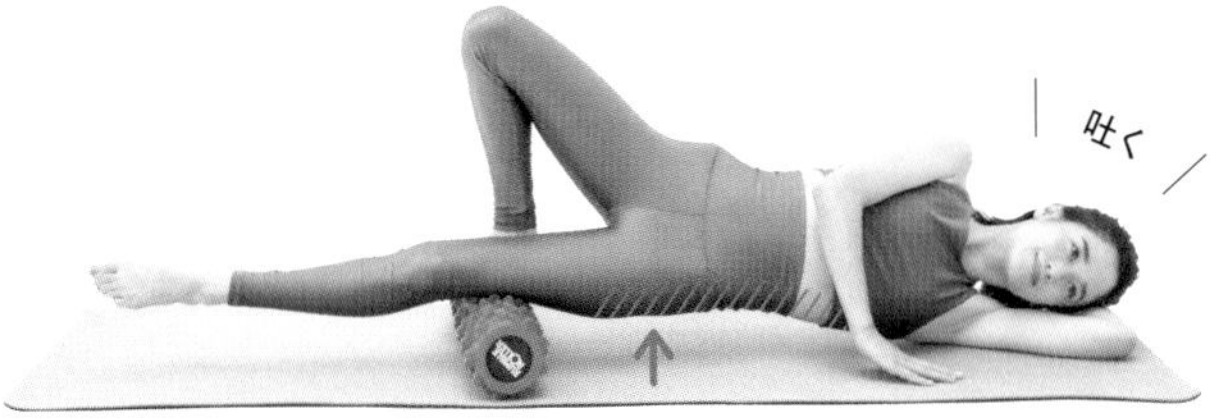
吐く
お尻を上げる

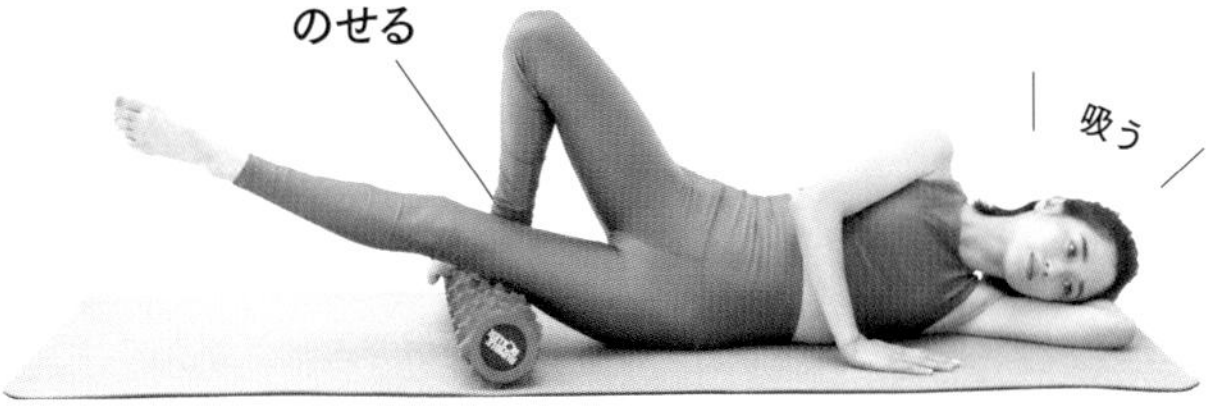
足をローラーにのせる
吸う

3

左右各10回

こっているところでお尻を上げ下げ

こりを感じたところのひざの開きで動きを止める。その場所で息を吐きながらお尻を上げ、吸いながらお尻を下げるを10回行う。**1**～**3** を反対側も同様に。

見ながら動ける
レッスン動画

腰の幅を狭くして細く見せる!

太もも・お尻 ほぐピラ

お腹がぽっこり出ているより、意外に太く見えてしまうのが、腰の幅。
ひざを開いたり閉じたりして、股関節をほぐし、動きがスムーズに
なると、腰幅が狭くなり、下半身がスッキリと細見えします。

ここに効く!

- ✓ 小尻になる
- ✓ 腰の張りを取る
- ✓ 太ももの引き締め
- ✓ むくみ予防

1

ローラーを太もものつけ根の外側にあて、横たわる

太もものつけ根の外側にローラーがあたるように、横たわる。両ひざを軽く曲げ、下の手は頭上に伸ばして頭をのせ、上の手は胸の前で床を押さえる。

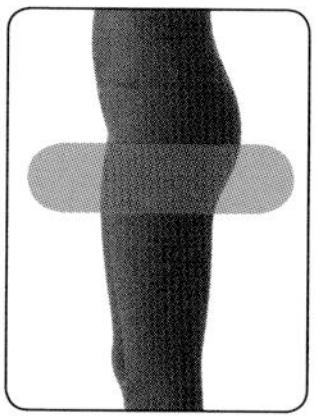

ローラーをあてる場所

太もものつけ根の外側にローラーをあてる。

スタンバイ

ひざは軽く曲げる

手で床を押さえる

腕を曲げて
枕にしてもOK

2

左右 各10回

ひざをゆっくり開いたり閉じたり

上の脚のひざをゆっくりと開いて閉じる、を10回くり返す。太もものつけ根がほぐれていくのを感じながら行おう。反対側も同様に。

POINT

上半身が不安定になる人は手で床を押さえる

ひざを開閉したときに、上半身が不安定になる人は、手で床をしっかり押さえましょう。ひざが開きやすくなります。

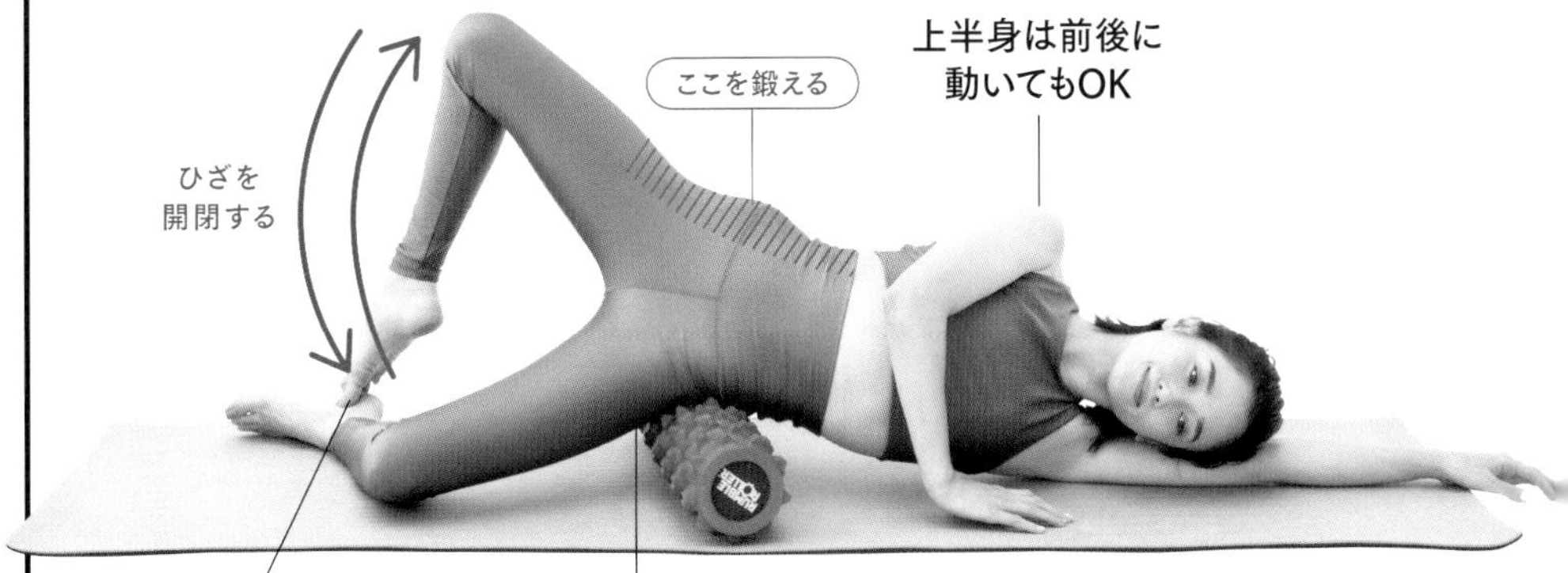
ひざを開閉する
ここを鍛える
上半身は前後に動いてもOK
つま先は床につけてもOK
太もものつけ根の前後がほぐれるのを感じて

たるんだぜい肉をキュッと引き締め！

内ももほぐピラ

見ながら動けるレッスン動画

外ももは張っているのに、内ももはたるんでいませんか？
外ももをほぐしながら、日常生活で使うことが少ない内ももを引き締めて、
たるみやセルライトのない美脚を目指しましょう。

ここに効く！

- ✓ 内ももの引き締め
- ✓ 浮き輪肉オフ
- ✓ バストアップ
- ✓ くびれづくり

1

ローラーを太もものつけ根にあて、横になる

ローラーが太もものつけ根の側面にくるように、横になる。下の脚は遠くに伸ばし、上の脚の足裏は床につけ、上の手で床を押さえる。

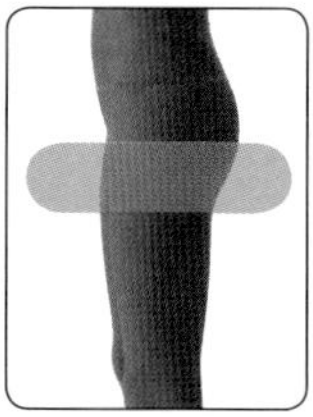

ローラーをあてる場所

お尻の横、太もものつけ根にローラーをあてる。

スタンバイ

脚を遠くに伸ばす
足裏は床につける
（難しければつま先を立ててもOK）
腰を浮かせるのがきつい人は腰の下にタオルをはさんで

2

左右 各10回

下の脚を遠くに伸ばして上げたり下げたり

下の脚を遠くに伸ばしながら上下にゆっくりと動かす。脚を上げるときに息を吐き、下ろすときに吸う。10回行ったら反対側も同様に。

POINT

可動域を少しずつ広げるように行う

はじめから大きく動かそうとせず、小さく動かして、徐々に股関節の可動域を広げていくと気持ちよく行えます。

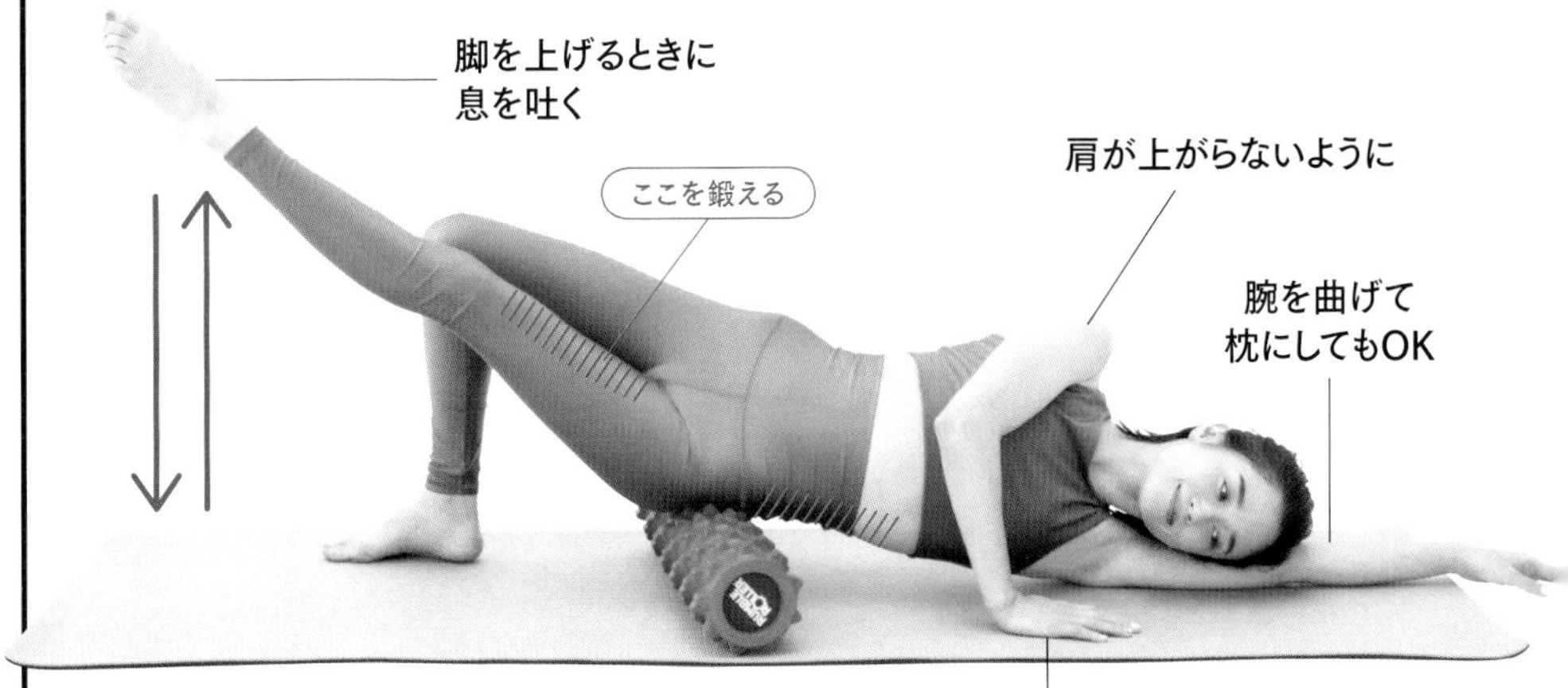
脚を上げるときに
息を吐く
ここを鍛える
肩が上がらないように
腕を曲げて
枕にしてもOK
手で床をしっかり押す

見ながら動ける
レッスン動画

セルライト撃退！　美姿勢をキープできる

前ももほぐピラ

外ももと同じように硬くこりやすいのが太ももの前側。
前側をほぐしながら、筋力が衰えやすい裏ももを鍛えます。
前ももの張りが取れ、裏ももが引き締まると細く長い脚のシルエットに！

ここに効く！

- ✓ ヒップアップ
- ✓ 美姿勢になる
- ✓ 太ももの引き締め

1

太ももの前側にローラーをあて、体を上下・前後に動かす

うつぶせになり、片脚は伸ばし、反対側のひざを曲げる。伸ばした脚の太もものつけ根にローラーをあてる。体を上下・前後に10回程度動かして、こっている場所を探す。

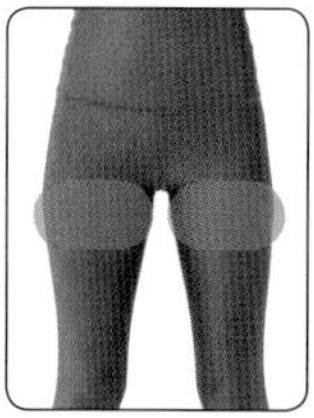

ローラーを太もものつけ根から前側にあてる。

左右各10回

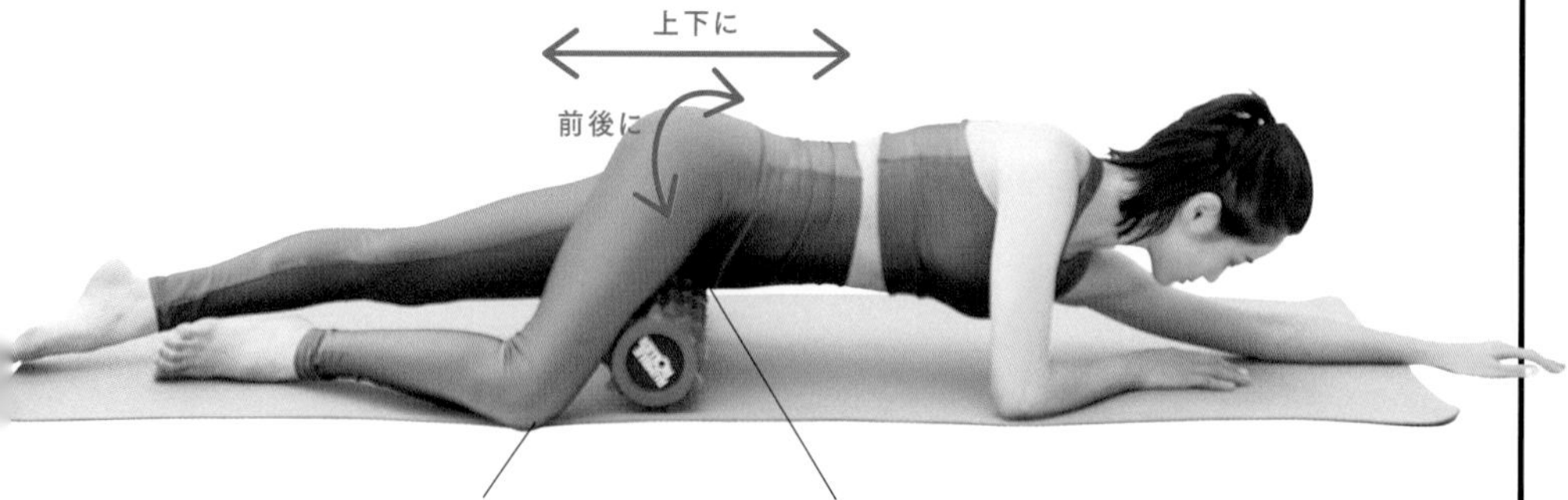

2

左右 各10回

足指を遠くに伸ばして脚を上げ下げ

伸ばした脚の足指を遠くに伸ばすイメージで、息を吐きながら脚を上げる、吸いながら下げるを10回行う。**1**～**2** を反対側も同様に。

POINT

裏ももとお尻が使われているのを感じながら動かして

上げた脚の裏側やお尻が使われているのを感じて。脚は少し上げるだけでも大丈夫。動きをくり返して可動域を広げましょう。

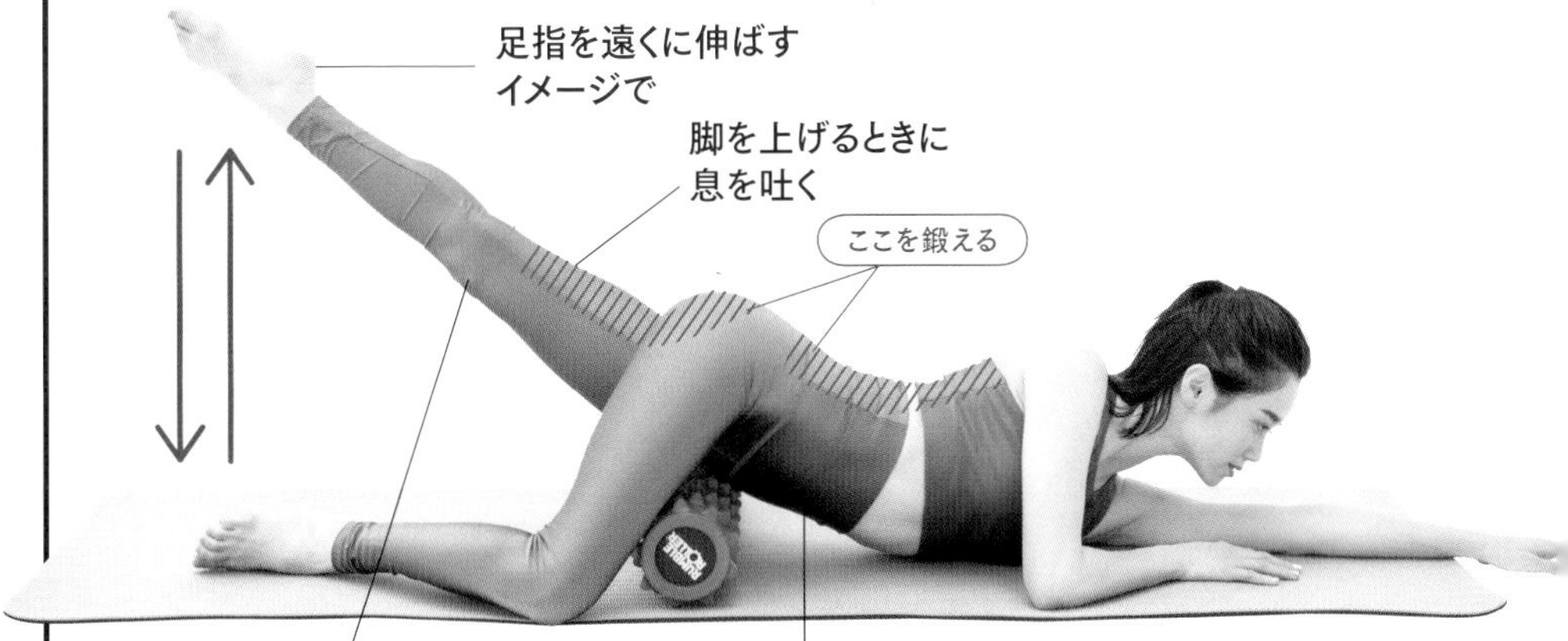
足指を遠くに伸ばす
イメージで
脚を上げるときに
息を吐く
ここを鍛える
ひざは軽く曲げてもOK
腰の反りがきつい人は
お腹にタオルをはさんで

見ながら動ける
レッスン動画

ウエストから脚のラインを美しく

美脚ほぐピラ

お尻の横をほぐしながら、ぜい肉がつきやすい内ももと
わき腹を刺激して、ウエストから脚のラインを整えましょう。
フィットしたファッションが似合うボディラインに！

ここに効く！

- ✓ くびれづくり
- ✓ 太ももの張り取り
- ✓ 反り腰改善
- ✓ 脚のゆがみケア

1

お尻の横にローラーをあて両脚を上げる

お尻の横にローラーがあたるように横になる。下の腕は伸ばすか曲げて枕にし、上の手は床について体を支え、両脚を上げる。

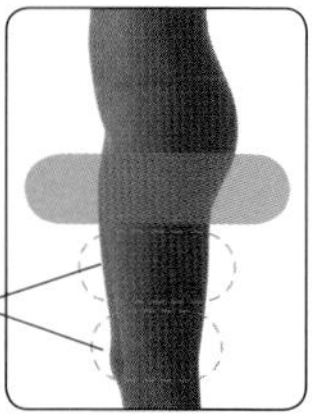
ローラーをあてる場所
ここでもOK

お尻の横から太もものつけ根にローラーをあてる。

スタンバイ

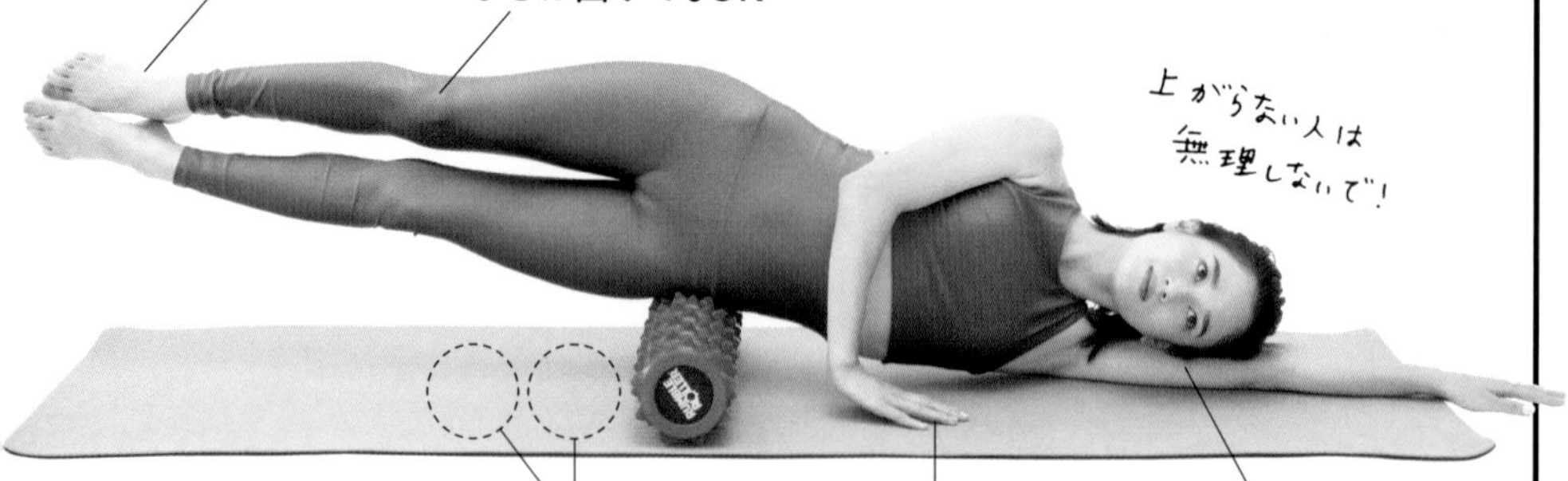
両脚を上げる
ひざは曲げてもOK
上がらない人は無理しないで！
つらい人はローラーをこの位置に
手を床について体を支える
腕を曲げて枕にしてもOK

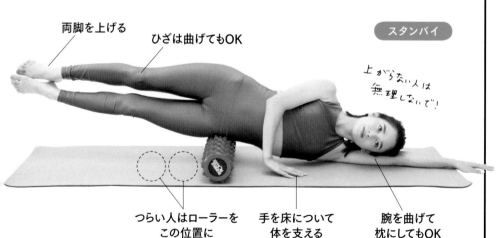

脚を上げ下げするときにぐらつく場合は、ひじを伸ばして手をつく位置を体の前のほうにすると安定します。

ぐらつく人は
手を前に

2

左右
各10回

呼吸に合わせて下の脚を上げ下げ

下の脚だけを息を吐きながら下ろし、息を吸いながら上げる。呼吸に合わせて下の脚の上げ下げを10回行う。反対側も同様に。

> **POINT**
>
> **つらい人は負荷が軽くなる方法をとり入れて**
>
> きつい人は、ローラーの位置を太もものほうにずらしたり、腰の下にタオルを入れても。脚を上げるのがラクになります。

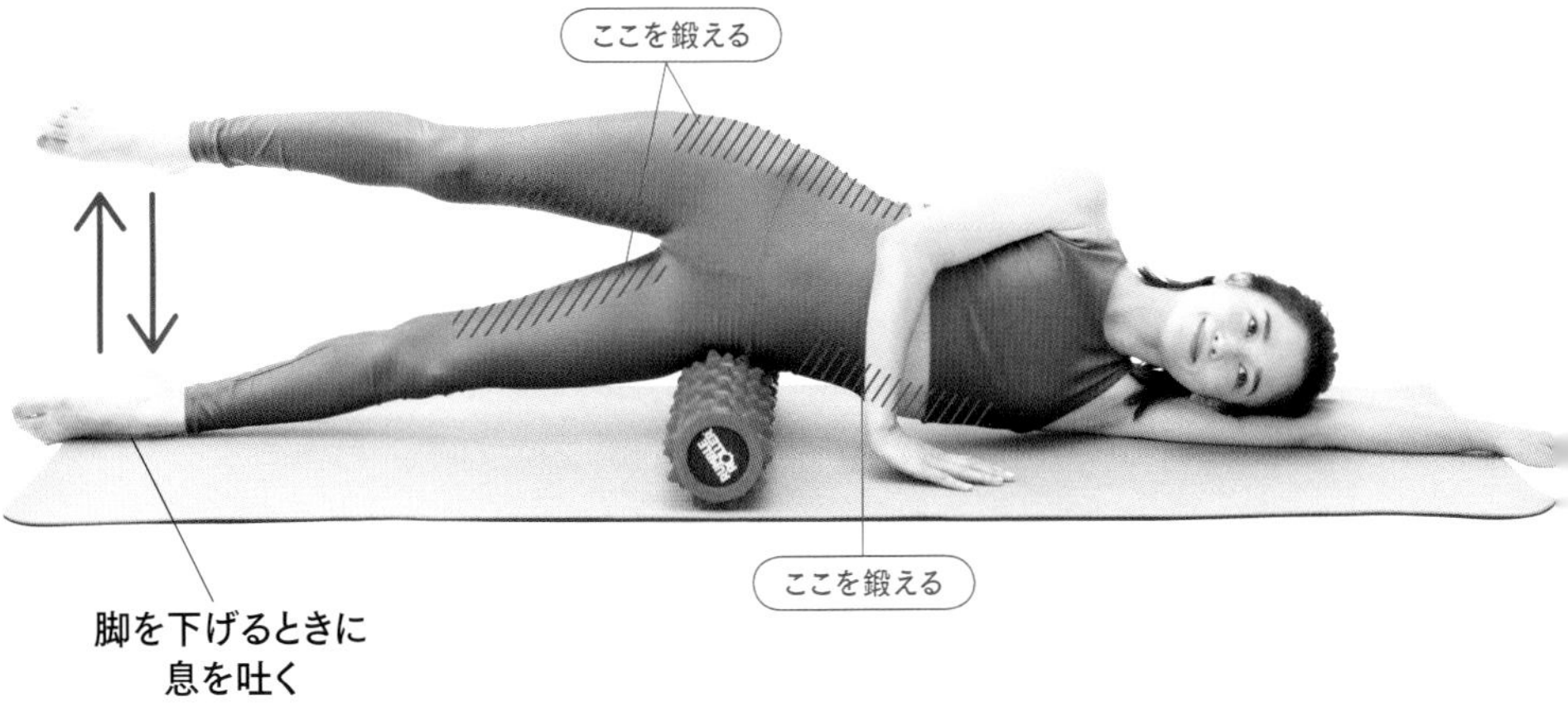
ここを鍛える
ここを鍛える
脚を下げるときに
息を吐く

見ながら動ける
レッスン動画

股関節の奥まで刺激して、脚の引き締め度アップ

内もも・ウエスト ほぐピラ

両脚を上げ下げすることで、前ページの美脚ほぐピラよりさらに深く股関節の奥の筋肉までほぐします。はじめは難しいかもしれません。でも、根気よく1〜2回からでも続ければ、気持ちよく感じられるように。

ここに効く!

- ✓ くびれづくり
- ✓ 美脚

1

お尻の横にローラーをあて、両脚を浮かせる

お尻の横から太もものつけ根にローラーをあて、横になる。下の腕は伸ばしてもひじを曲げて枕にしても〇K。上の手で床を押して体を支えて、両脚を床から浮かせる。

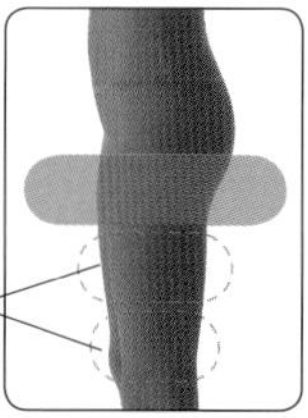
ローラーをあてる場所
ここでもOK

お尻の横から太もものつけ根にローラーをあてる。

ひざは曲げてもOK
スタンバイ
つらい人はローラーをこの位置に
お腹が浮かない人はタオルをはさんで
腕を曲げて枕にしてもOK

2

左右 各10回

呼吸に合わせて両脚を上げ下げ

息を吐きながら両脚を上げる。脚を上げる高さはできる範囲でOK。息を吸いながら下ろす。10回行ったら反対側も同様に。

POINT

腰が反っていたら背中を丸めて行う

脚を上げたときに腰が反っていると感じたら、少し背中を丸めて、腹筋を使って脚を上げるように意識しましょう。

こんなに上がらなくてもOK!
腰は反らないように（背中を丸めてもOK）
普通はこの顔ではいられません!
両脚を揃えて上げ下げする
ここを鍛える
手で床をしっかり押す

見ながら動ける
レッスン動画

脚の疲れを取りながら、ウエストシェイプ

すね・ウエスト ほぐピラ

立ったり、座ったり、歩いたり、日常の動作で意外に
すねが疲れているのには気づきません。すねをほぐしながら
ねじりを加えてウエストをシェイプして、脚もお腹も美しく。

ここに効く!

- ✓ くびれづくり
- ✓ ヒップアップ
- ✓ 内ももの引き締め
- ✓ 脚の疲れオフ

1

横になり、すねにローラーをあてる

横になり、上の脚は前へ出し、両脚のすねをローラーにあてる。上の手は床について体を支える。下の腕は伸ばしてもひじを曲げてもOK。

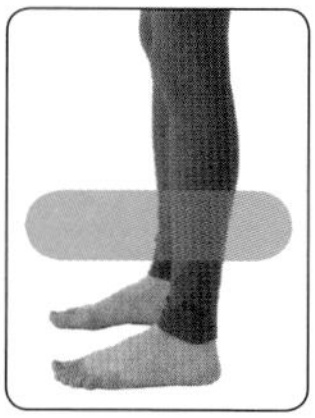

ローラーをあてる場所

ひざからくるぶしの間、すねの外側で、気持ちいいところにあてる。

スタンバイ

両脚でチョキを
つくるイメージ
上の脚を前へ
手を床について
体を支える

2

左右
各10回

腰を上げて
ツイストする

すねをローラーに押しつけながら、腰を上げて、10回ツイストする。反対側も同様に。すねに痛みがある場合はタオルをのせて、つらければローラーをひざのほうに移動して。

POINT

グラグラしたら脚の幅を広めに

腰を上げてひねるときに、体がグラグラする場合は、両脚を広めに開きましょう。脚を広げると体が安定します。

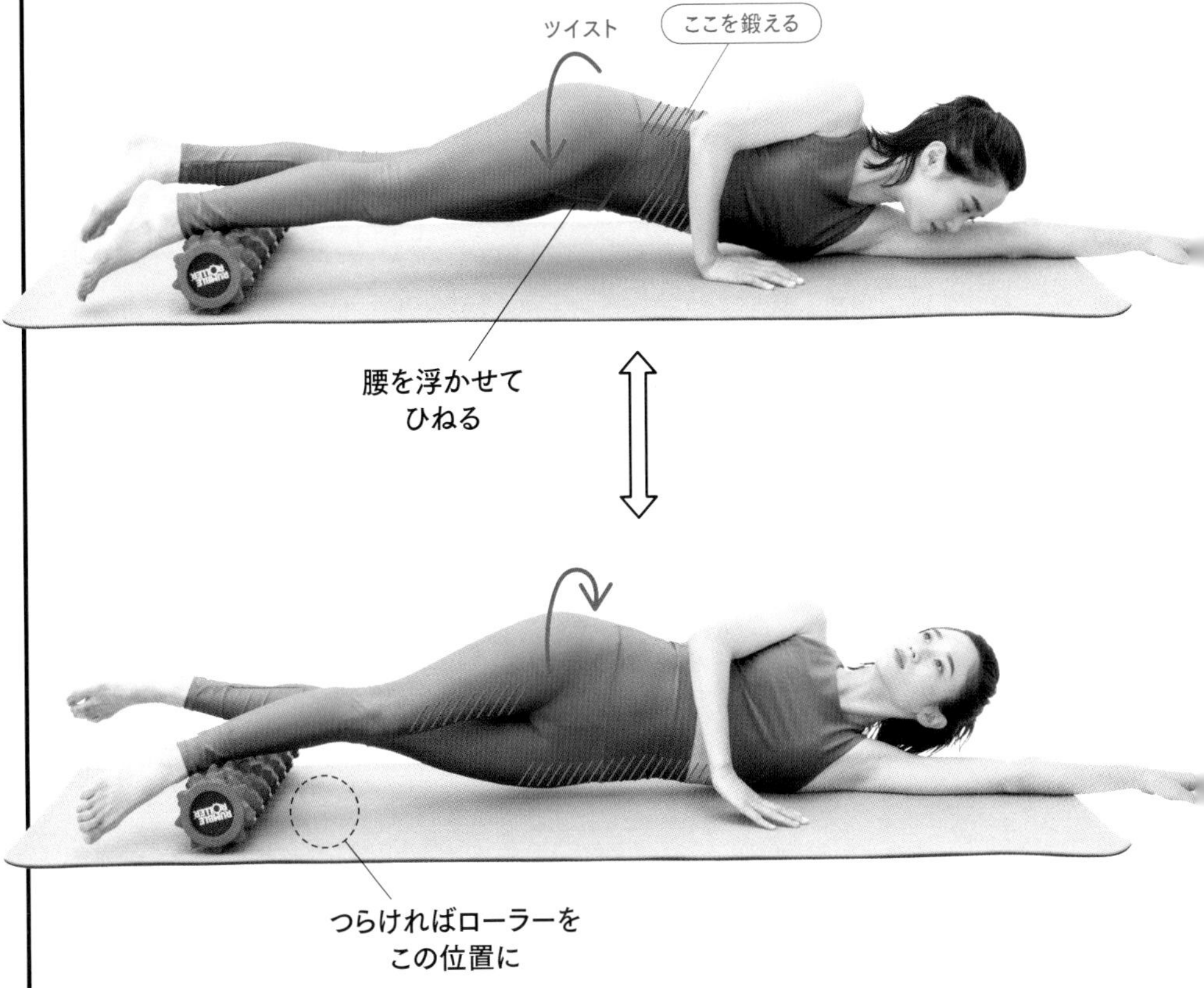
ツイスト
ここを鍛える
腰を浮かせて
ひねる
つらければローラーを
この位置に

腕と脚のたるみを一気に引き締める!

腕・内ももほぐピラ

見ながら動けるレッスン動画

腕と内ももをほぐしながら頭と脚を上げる、
ひとつの動きで、いくつもの効果があるほぐピラにチャレンジしましょう。
インナーマッスルを刺激するので、姿勢も美しくなります。

1

内ももと前腕を ローラーにのせて転がす

ローラーを縦に置き、横向きに寝る。上の脚のひざを曲げて太ももの内側と、上の腕の手のひらを下にして前腕をローラーにのせる。10回コロコロ転がす。

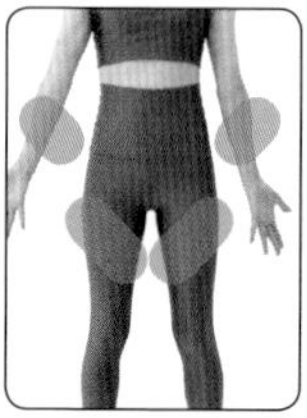

ローラーをあてる場所

内ももと前腕にあてる。特に気持ちよく感じる場所にあてて。

ここに効く!

- ✓ 内ももの引き締め
- ✓ お腹の引き締め
- ✓ 肋骨の引き締め
- ✓ 二の腕の引き締め

左右各10回

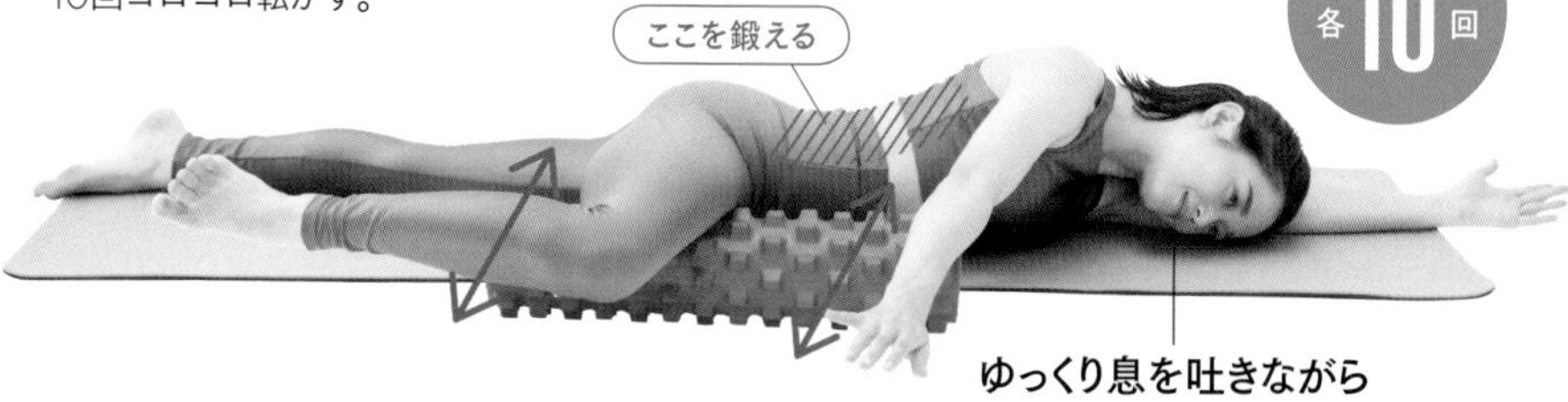

2

下の脚をゆっくりと 上げ下げする

1 で気持ちよかった場所で動きを止め、下の脚をゆっくりと10回上げ下げする。息を吐きながら脚を上げて、吸いながら下ろす。

左右各10回

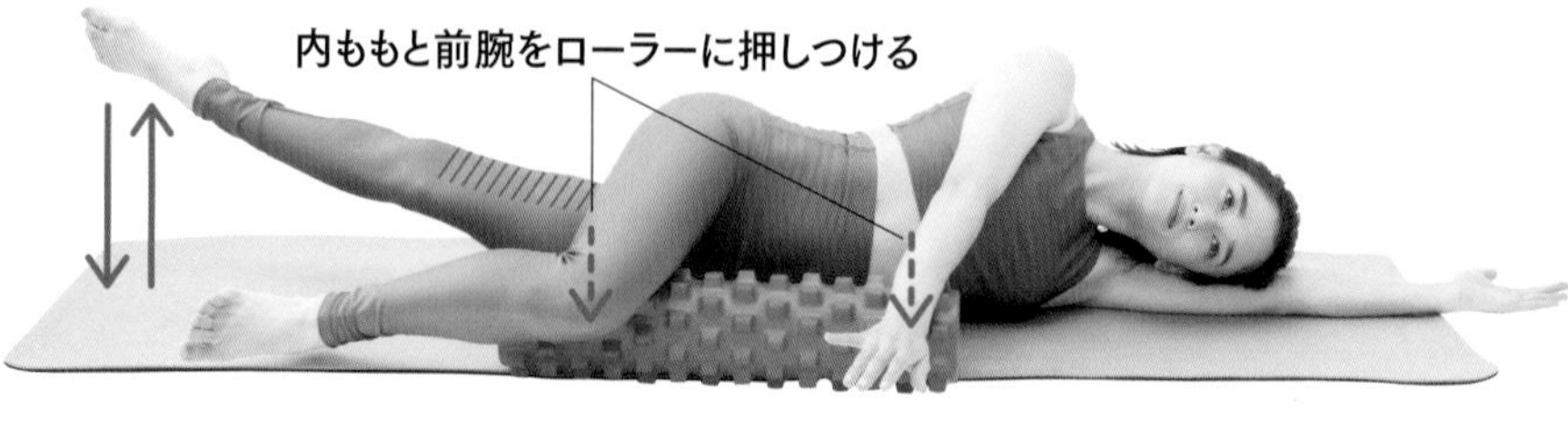

3 内ももと前腕をローラーに押しつけ頭を上げ下げ

左右各10回

ローラーに内ももと前腕を垂直に押しつけるように力を入れ、頭を10回上げ下げ。頭を上げるときに息を吐き、下げるときに息を吸う。

POINT

ローラーにのせた内ももと前腕を垂直に押しつける

ローラーにのせた内ももと前腕を垂直に押しつけるように力を入れると、深くまでほぐせます。

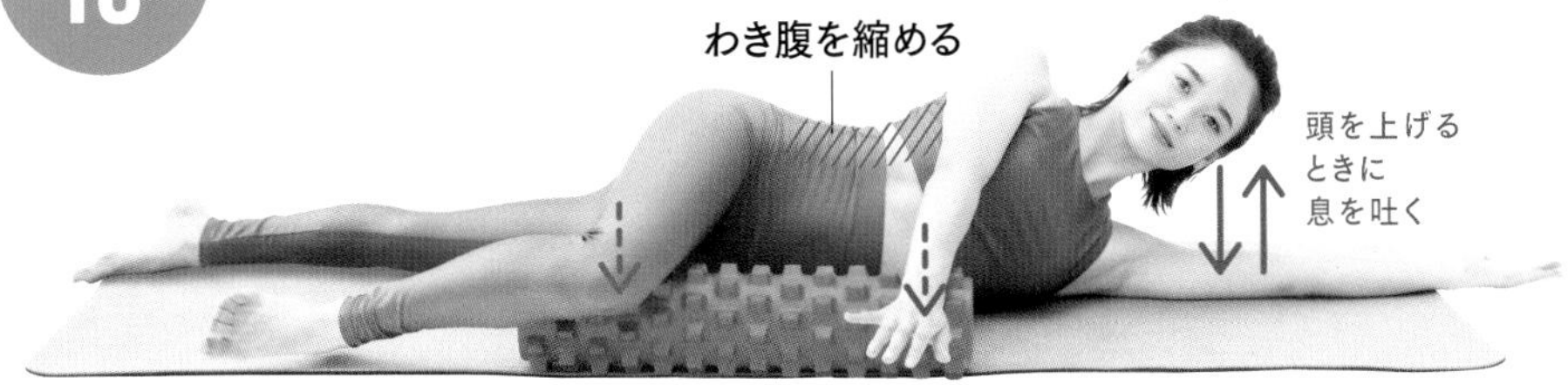
わき腹を縮める
頭を上げるときに息を吐く

4 頭と脚を同時に上げ下げ

左右各10回

最後に頭と脚を同時に10回上げ下げする。上げるときに息を吐き、下ろすときに息を吸う。**1**～**4** を反対側も同様に。

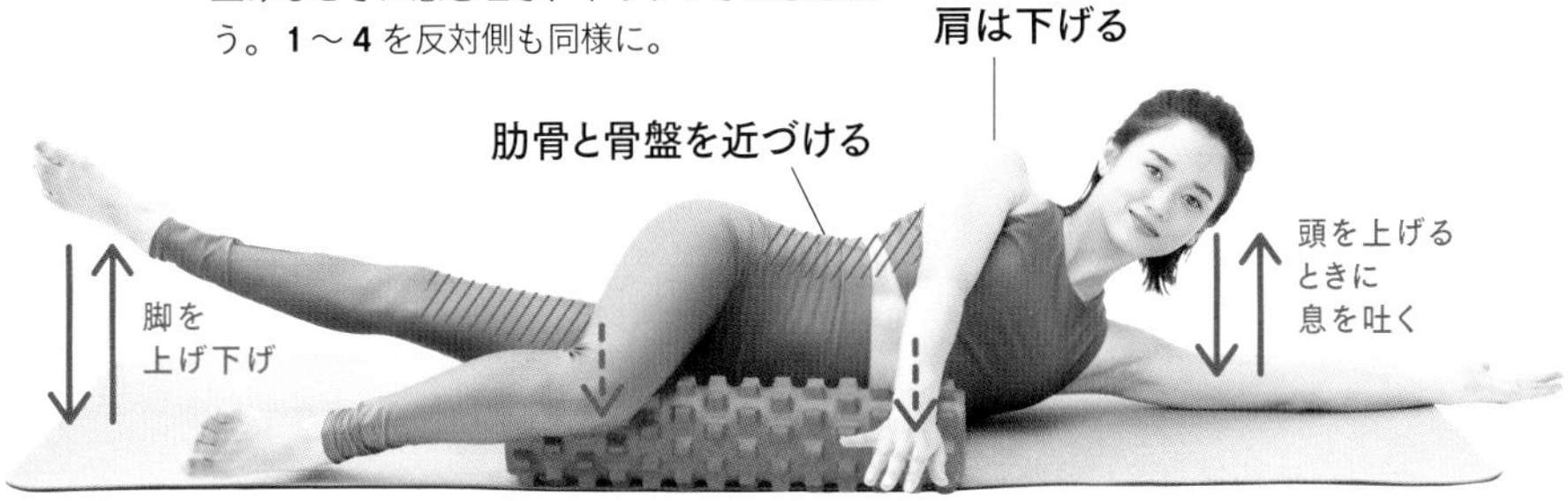
肩は下げる
肋骨と骨盤を近づける
脚を上げ下げ
頭を上げるときに息を吐く

＼ 上級者は…… ／

手と脚を一緒に遠くへ上げる

4 のポーズがラクにできるようになったら、手と脚を引っ張り合うように遠くへ伸ばしながら、頭、手、脚の上げ下げをくり返す。

hogupila WORKOUT

STEP5

P106-113

スキニーデニムの似合う小尻に！

お尻ほぐピラ

大きなお尻、丸いお尻、小さなお尻、キュッと上がったお尻、お尻の形はいろいろ。ここで目指すのは、スキニーデニムが似合うコンパクトでキュッと上がり、中央に寄ったお尻です。

STEP5_

お尻
ほぐピラ

目指すは大きすぎずほどよい小尻。女性特有の不調も改善

クライアントさんからの相談で、以前はお腹のお悩みが多かったのですが、最近増えたのがお尻の形を何とかしたい！というもの。リモートワークが増え、座りすぎてお尻の形が悪くなっている女性が増えているからなのかもしれません。

お尻の問題は形だけではありません。お尻の奥には骨盤があり、その内側には女性にとって大事な子宮や卵巣がおさまっています。そのため、お尻が硬く冷たい人は、生理痛や生理不順など、女性特有の不調を抱えていることが少なくありません。

私自身も妊娠、出産の体験を通して、お尻はとても大事だと気づきました。

本書で目指しているのは、女性の不調を改善することを考えながら、丸くコンパクトでキュッと中央に集まったお尻。グラマラスなボディラインではないけれど、スキニーデニムがカッコよくはきこなせるお尻を目指します。そのために、下半身痩せ同様に股関節のほぐしが重要なのです。

骨盤と脚をつなぐ股関節まわりの筋肉をほぐしながら、お尻の筋肉を鍛えると、骨盤の動きがよくなり、まずお尻の冷えがなくなり、女性特有の不調が改善する人

も多いでしょう。また、長時間座ってもお尻がつぶれにくく、疲れにくくなることに驚くかもしれません。

そして、お尻が上がって中央に集まると、お腹まわりがスッキリしたり、太ももやふくらはぎも細く美しく整ってきます。お尻こそ下半身のボディメイクの要。「お尻ほぐピラ」で、自分史上最高のヒップラインをつくりましょう。

＼ ほぐピラの前と後に ／

股関節の可動域CHECK

腰を反らせて骨盤の動きを確認

動画で解説

足を腰幅に開いて立つ。両手を頭上に上げて合わせたら、後ろに反る。無理に腰に力が入っていないか、下半身が前にスムーズに移動するか、お尻に力が入るかどうかをチェック。

太ももの前側をほぐして丸いヒップをつくる

お尻ほぐピラ ①

見ながら動けるレッスン動画

太ももの前側をほぐしながら、お尻を上げて、
ひざ下をいろいろな方向に動かすことで、中央に寄った丸いヒップを
つくります。理想のお尻をイメージしながら行いましょう。

ここに効く!

- ✓ 前ももの張り取り
- ✓ お尻の形を整える

1

うつぶせになり、つま先を立ててローラーを転がす

ローラーに太ももつけ根があたるようにうつぶせになり、つま先を立てる。ひじから下を床について、ローラーを前後に10回転がす。

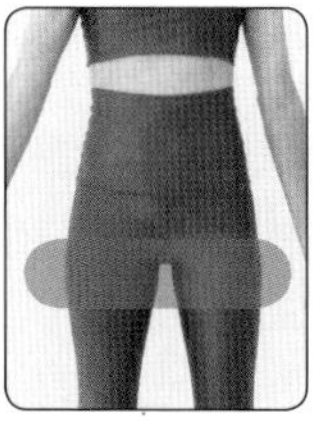

ローラーをあてる場所

太もものつけ根から、前ももが張って気になるところにあてる。

10回

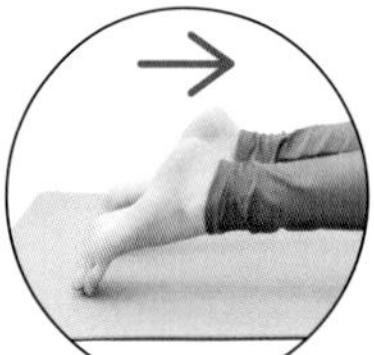

つま先を立てて上下に動かす

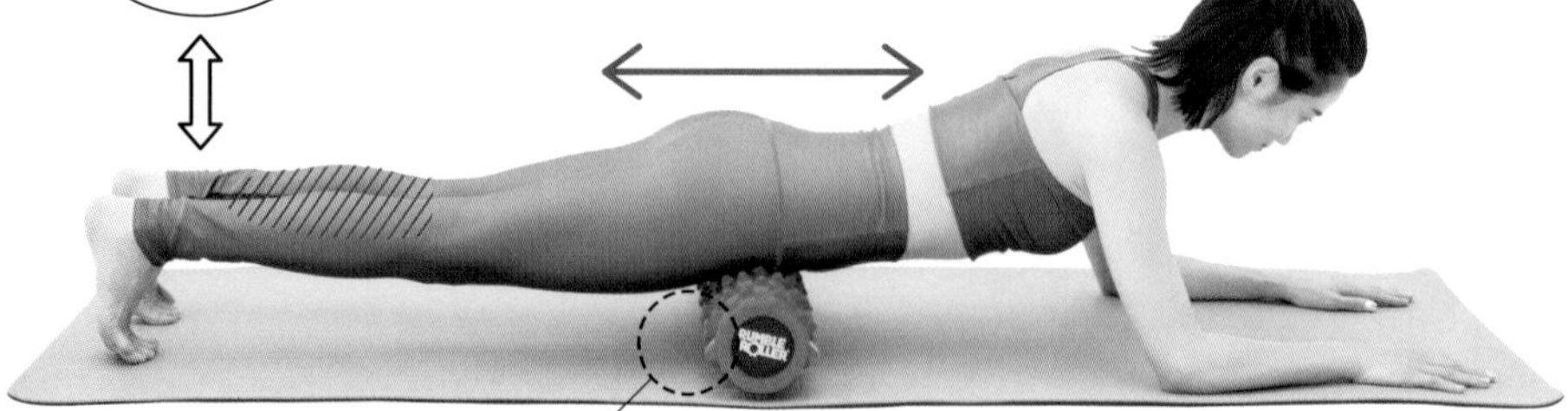

恥骨にあたる人はローラーの位置を下に

2

左右 各10回

ひざを曲げて脚をワイパーのように左右に動かす

1 でこっていると思った場所で動きを止める。その位置でひざを曲げて、ワイパーのように脚を左右に大きく10回動かす。

別アングルから見ると……

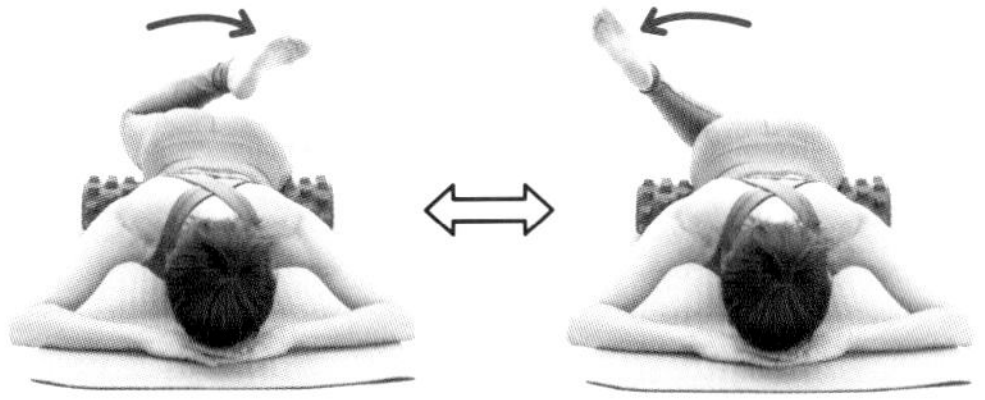

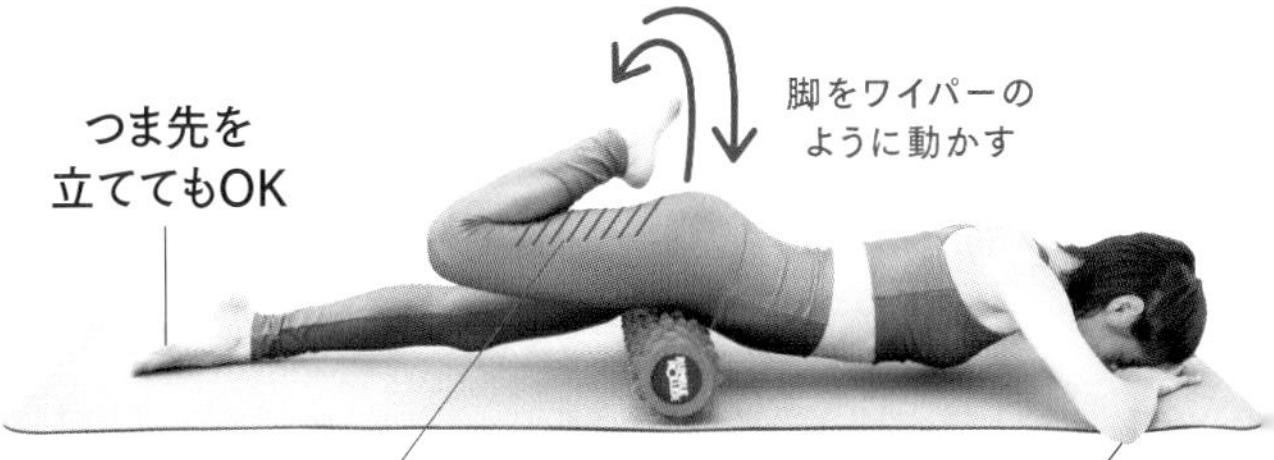
つま先を立ててもOK
脚をワイパーのように動かす
ここを鍛える
ひじを開く

3

こりを感じる傾きでひざを上げ下げ

2 でこっているなと思う傾きで動きを止めたら、その位置でつま先を頭のほうに向け、ひざを10回上げ下げする。**2**～**3** を反対側も同様に行う。

> **POINT**
>
> **こっているところを探してほぐす**
>
> ローラーを転がして、次に脚を左右に動かして、こっているところを探しながら、その位置で違う刺激を与えるとほぐれます。

左右 各10回

つま先は頭のほうへ向ける
お腹は浮かせてもOK

立体感のある3Dヒップをつくる

お尻ほぐピラ②

上げた脚を回して、後ろから見ても、横から見ても、丸く、
立体感のあるお尻をつくります。垂れて四角くなっていたお尻が上がると、
気分まで上がります。脚のむくみオフにも！

見ながら動ける
レッスン動画

ここに効く!

- 丸いお尻をつくる
- 立体的な小尻に
- 太ももの引き締め

1

ローラーを太ももの
つけ根にあてうつぶせに

ローラーに太もものつけ根があたるように、
うつぶせになる。ひじを曲げて手の上に頭を
のせる。片ひざを曲げてつま先を伸ばす。

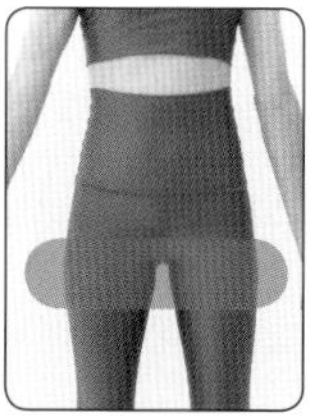
ローラーをあてる場所

太もものつけ根の前側
にあたるようにローラ
ーをセット。

つま先は伸ばす
スタンバイ
腰が痛い人は
間にタオルをはさんで

/ 別アングルから見ると…… \

2

ひざで円を描くように大きく回す

片脚を上げて、つま先をまっすぐ伸ばし、ひざで円を描くようにゆっくりと外回しを5回、内回しを5回行う。反対側も同様に。

POINT

回しやすいほうを多めに行って

内回しのほうを難しいと感じる人が多いと思います。回しやすいほうを多めに行って。回す感覚を目覚めさせましょう。

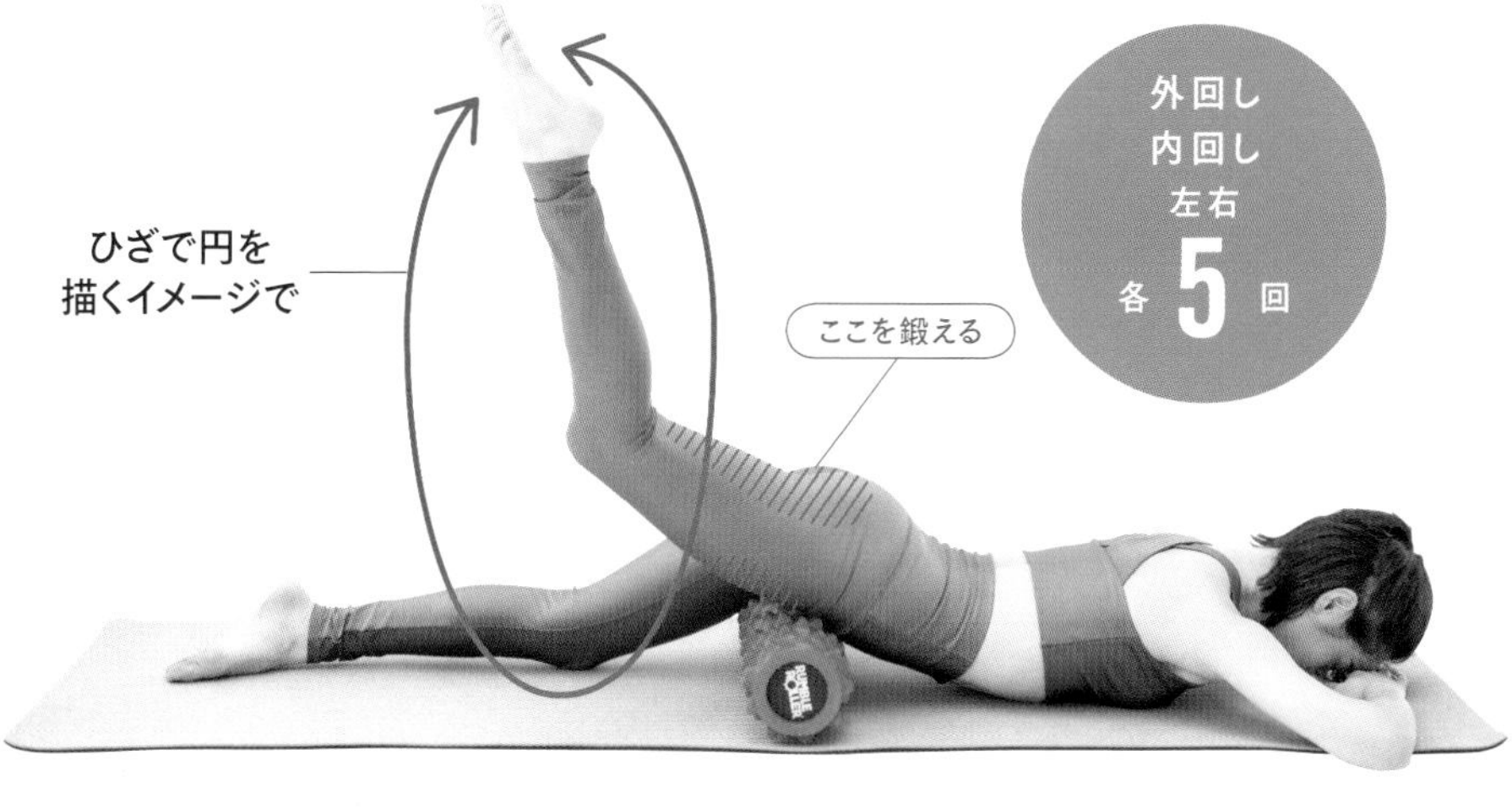

外回し
内回し
左右
各5回

hogupila **WORKOUT**

STEP6

P114-123

楽しみながら体を動かそう

全身ほぐピラ

体は脚だけ、腕だけでなく、神経によって
連動して動いています。その体の連動を感じるほぐピラです。
体がつながりながら動く感覚を楽しみましょう。

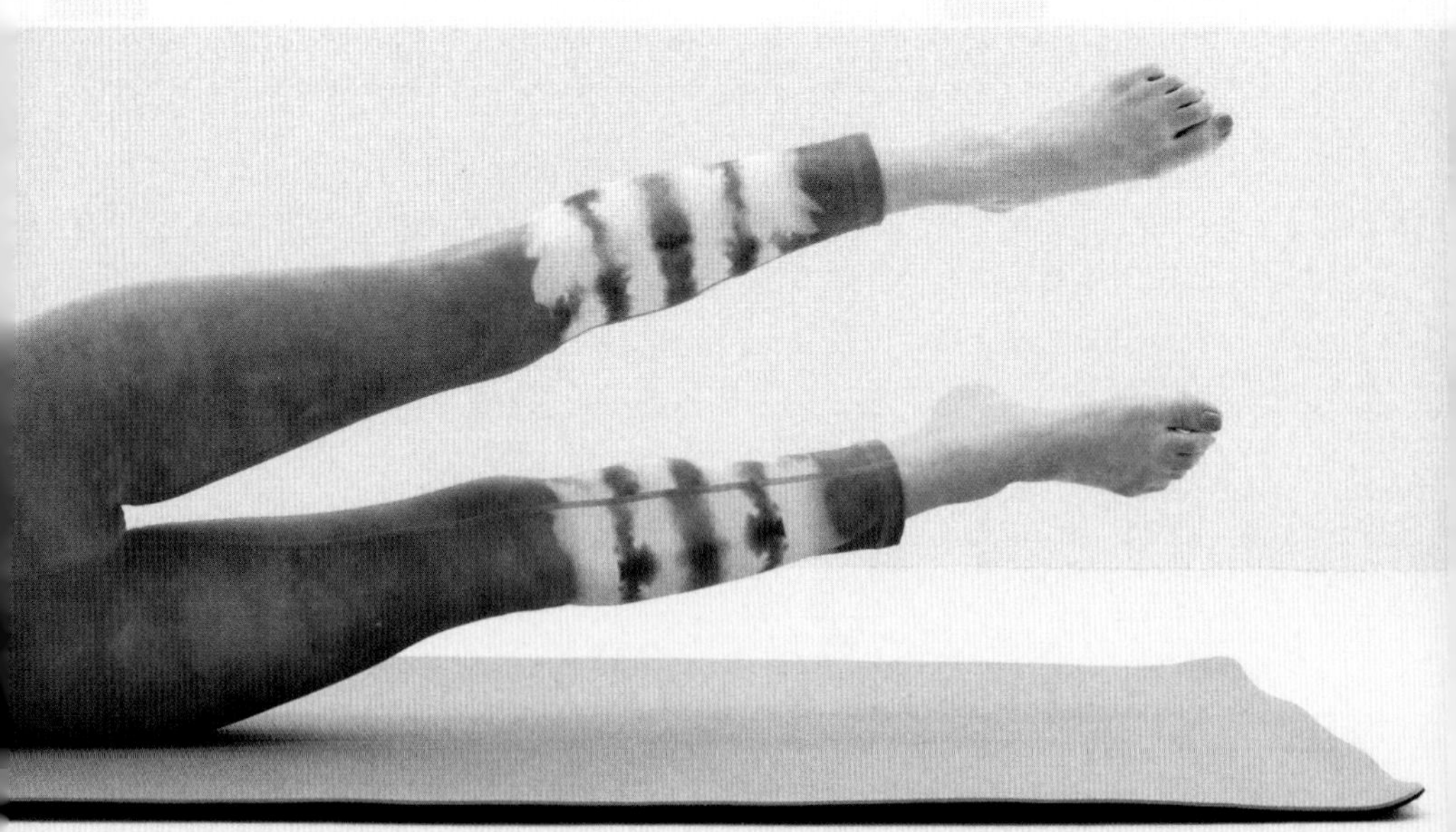

STEP6_

全身
ほぐピラ

全身を動かして楽しみながら今の自分を知る

子どもの頃のことを思い出してみてください。床をゴロゴロ転がって、全身を動かすことを楽しんでいたのではないでしょうか？

ところが大人になると、寝返りさえ上手にできなくなってしまいます。その理由は、日常生活のクセによって筋肉や筋膜が疲労して、脳の「動け！」という神経伝達が届きにくくなり、体の動かし方がズレてしまっているからなのです。

ＳＴＥＰ６は、体を連動させて使うことで、届きにくくなった神経伝達を蘇らせるような気持ちで全身を動かすほぐピラです。

人は、お腹、脚、背中など、気になる部分にばかりアプローチをしたくなります。私が長年のトレーニングを通して気づいたことは、部分的にばかり鍛えたり、ほぐしたりするよりも、全身を統合的に動かしたほうが体は変わるということ。ですからほぐピラでは、はじめは部分的にアプローチしていても、最終的には全身を動かして、体のつながりを感じてもらうことを大切にしています。

例えば、歩く動作。足の指を動かして、足裏で地面をけり、脚を動かし、お尻を前に移動し……と、つま先から頭まで、筋肉が連動して体を動かしています。ところが、ある筋肉が硬くこわばっていると、そこの神経の通りが悪くなり、全身のつながりが途絶えてしまうのです。

体が動かない、動かしにくいと思うのは、神経の通りが悪くなっているサイン。でも、たとえ動かなくても、そこを動かそうと意識するだけで神経が通るようになってきます。大事なのはそこが「動かない」ということに気づくこと。「全身ほぐピラ」をしなければ気づかなかった「できない動き」には、この先、日常生活の動作の中で必要な動きができなくなる可能性が潜んでいるかもしれません。

全身を動かしながら動かせない部位を知って、そこに意識を向け続けていくうちに徐々に動かせるようになります。また、そこを触ってあげるだけでも、神経の通りをよくするサポートにもなるのです。

全身ほぐピラを行うと、ひっくり返ることさえできない人もいるかもしれません。それでもいいんです。今の自分を知るのが全身ほぐピラの目的。笑いながらゴロゴロ転がって、今の自分を全身で感じてください。

全身ほぐピラは、いわば、ほぐピラメソッドの総仕上げ。自分の思った通りに体を動かせるようになると、体の隅々まで筋肉を使えるようになります。そして、そんな体になれば、痩せやすくもなるし、少し体を動かすだけでボディラインに変化が出やすい体に変わっているでしょう。

見ながら動ける
レッスン動画

腹筋を感じながら体を動かす

ローリングほぐピラ

体のつながりを感じながら、起き上がりこぼしのように
全身を楽しく動かしましょう。腹筋に力を入れながら起き上がり、
背中から床に倒れ、ひとつずつ背骨がつくときに背中がほぐれる感覚を味わって。

1

体育座りをし、両脚を床から上げる

床に体育座りをし、片脚ずつ上げたら両脚を両手で支える。お腹の力で脚を上げたままキープして、一度息を吸う。

ここに効く!
- ✓ 背中ほぐし
- ✓ お腹の引き締め

> **POINT**
>
> **背骨が床につくのを感じながら背中をほぐす**
>
> 背骨がひとつずつ床につくのを感じながら背中をほぐします。連続で起き上がれなかったら、休み休み行ってもOK。

2

背中から倒れ、腹筋を使って起き上がる

背中から床にごろんと後ろに倒れ、腹筋を使って起き上がる。息を吸って動きを止め、吐きながら動くのを5回くり返す。

ボールが転がるように
5回
ごろん
くるり
ここを鍛える
背骨が順々に床につくのを感じて

ストレス解消＆気分のリフレッシュにも

寝返りほぐピラ

見ながら動ける
レッスン動画

小さな子は簡単にできるのに、年齢を重ねるほど難しくなる寝返り。
頭で考えずに、体全体を使って、半回転ずつ体を返しながら動いてみて。
動ける自分、動けない自分を楽しみながら行いましょう。

1

両腕と両脚を伸ばして あお向けになる

両腕と両脚を伸ばして、マットの上にあお向けになる。肩の力を抜いてリラックス。

ここに効く!

- ✓ お腹の引き締め
- ✓ 肩こり改善
- ✓ 腕の引き締め
- ✓ 体幹の強化

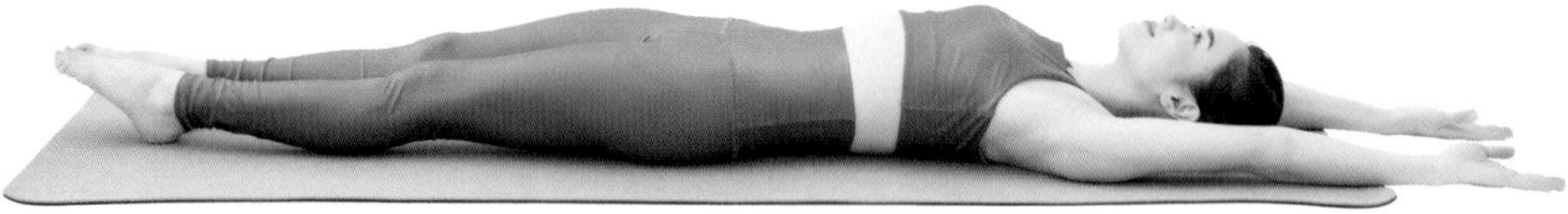

スタンバイ

POINT

あごを少し引くと腹筋が縮んで回転しやすい

あごを少し引くと、腹筋が縮んで回転しやすくなります。体がバランスをとる感覚を感じながら行いましょう。

2 丸まって腹筋を使って転がる

手と脚を床から浮かせたら、回転して、横向きで一度止まり、少し丸まって腹筋を使って転がる。左右交互に転がり、3往復する。

東洋医学の考え方をとり入れて

もっと全身を整えよう!

COLUMN

ほぐピラはこれまで私が学び、経験してきた解剖学的な考えを
ベースに考案しました。現在、さらに西洋医学と東洋医学を
融合したIMAC《アイマック》という可動域の調整法を勉強しています。
IMACの考え方を使ってほぐピラを実践してみると、
筋肉の動きが悪くなっているところは、内臓の不調や感情の
コントロールと深く関わっていることを学ばせてもらっています。
IMACでは東洋医学で知られる経絡《けいらく》の通り道に
合わせて体を動かしながら、全身を調整していきます。
中でも座った姿勢ですごすことの多い現代人は、脾経《ひけい》が弱っています。
上半身を丸めて肋骨を左右にねじってみてください。うまくねじれない人は、
息がしっかり吐けていなくて、脾経の流れが滞っています。その結果、
甘いものを好んで食べ、体が冷えている時も多いでしょう。また、
女性の不調にも関わりがあるので、女性こそぜひ強化してほしい場所です。
左ページの動きで脾経を整えれば、全身の疲労回復も叶います。

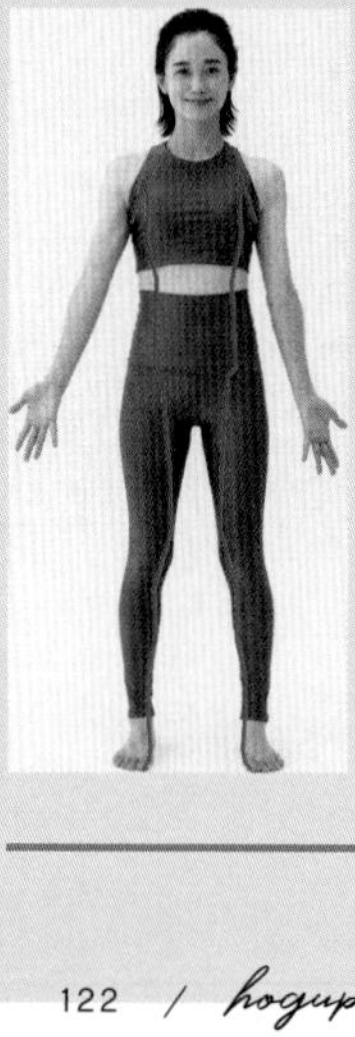

脾経《ひけい》とは?

現代人が多く問題を抱えている場所。消化器系や感情のコントロールと関わりが深く、甘いものがやめられない、冷えていると感じる人は脾経に問題がある可能性が。

今のほぐピラのベースになっている IMACとは?

IMAC（Integrative Movement Assessment & Conditioning）は、私の師匠であり、全米認定アスレチックトレーナーの佐藤博紀さんが考案した全身の調整法。可動域を確認しながら、どこの動きに問題があるかによって体の状態を評価し、解消していく最新の方法です。筋肉の動きと、東洋医学の陰陽五行との関係から、体全体を包括的にアプローチしていきます。

毎日行って、消化器系の調子を整えよう

脾経の全身調整法

1 横になり、上の脚のひざと足首を90度に曲げる

横になり、上の脚を下の脚のひざの上にのせる。上の脚のひざと足首を90度に曲げて、上の腕は伸ばした状態で親指を床のほうに向ける。

足首とひざは
90度に曲げる

2 お腹を丸め、右肩と股関節を寄せ、息を吐く

上の手を後ろに引きながら、お腹をしっかり丸め、右肩と股関節を寄せて息を大きく吐きながら肋骨全体を右にねじる。息を吸いながら元の位置に戻る。反対側も同様に。

右肩と股関節を
寄せるイメージで
大きく吐く
手を後ろに引く
ひざを床につける

IMACの動きの動画は
こちらをCHECK!

ほぐピラ Q&A

Q.01-15

みなさんからよく聞かれる
質問をまとめました。
ほぐピラをはじめる前に、
気になる疑問をすっきり解決して
効果アップを目指しましょう！

Q.01

一日のうちに おすすめの時間帯は？

A

やりたいと思ったときがベストタイミング

「ほぐピラをやりたい！」と思ったときが、ベストタイムです。朝行えば、体中に血液が巡って、シャキッと動けますし、夜行えば、睡眠の質を上げるサポートにもなります。「やらなきゃ」と思ってやるのではなく、STEP1の「ながらほぐピラ」でもいいので、時間のあるときに体を触ったり、動かしたりして、体の変化を感じることを習慣にしてください。

Q.02

食事の後は 避けたほうがいい？

A

大きく動くエクササイズは食後すぐは避けて

動きによっては、内臓の筋膜にアプローチするものもあります。足の裏や足の甲、腕まわりをほぐす動きは問題ありませんが、ほぐしながらお腹を縮めたり伸ばしたりするようなものは、食後すぐは避けましょう。食後、2時間程度経ってからがベターです。

Q.03

アザができたら どうしたらいい？

A

アザができた部分は避けて行いましょう

ローラーをあてたところにアザができたら、その部分は避けて行いましょう。アザができたということは、刺激が強い可能性大。痛みを感じたらタオルを巻いたり、台の上にローラーをのせて高さを上げるなどして、負荷を軽くして行いましょう。また最初にアザができても、筋肉がほぐれていい状態になるとアザができなくなってきます。

Q.04

脚がつってしまいます！

神経が通った証拠。水分とマグネシウムを補給

脚がつるのは、通りの悪かった神経がつながった証拠。筋力が弱く、脳からの「動け」というサインに筋肉が追いつけないときに脚がつってしまいます。

いったん動きを止めて、水分補給を。マグネシウムを多く含んだ硬水系ミネラルウォーターがベター。そして恐る恐るでいいので、小さく体を動かしましょう。徐々につらないようになります。

Q.05

筋肉痛になっても続けたほうがいい？

筋肉痛がつらければ違うほぐピラを！

筋肉痛がつらければ、同じほぐピラはせずに、違う部位にアプローチするエクササイズにしましょう。ほぐピラでさまざまな場所をほぐすことで、全身の筋肉を刺激することができます。得意な動きばかり行ったり、苦手な場所ばかりを避けずに、いろいろなエクササイズにトライしてみてください。

Q.06

週に何回やればいい？

やる回数、頻度は自分で決めてOK

毎日やっても、週に何回やっても構いません。自分の決めた回数、やりたい頻度で、行ってください。

大事なのは、行った前と後の体の変化を感じること。それを感じながら、生活習慣に取り入れられるといいですね。

また、STEP6の「全身ほぐピラ」のような動きは、週に1～2回トライして、体の変化を楽しんでみてください。

Q.07

やればやるほどいいの？

ほぐしすぎはダメ。筋肉の力がダウン

ローラーでのほぐしすぎは禁物。ほぐしすぎると筋力が弱くなってしまいます。ほぐして「イタ気持ちいい」、もしくは「気持ちいい」と感じなくなり、ほぐしている感覚がなくなってきたら、その部位はやめて、ほかの部位のほぐしに移りましょう。

Q.08

紹介されているエクササイズ、全部やらなきゃダメ？

A

基本のほぐピラ＋好きなものにトライ

上半身、下半身、お尻など、本書ではたくさんのほぐピラを紹介していますが、もちろん全部行う必要はありません。まずやってほしいのは、体のベースの動きを取り戻すSTEP2の「基本のほぐピラ」。これにプラスして、自分の目的に合ったものや、やってみて気持ちいいと感じたエクササイズを行ってみてください。

Q.09

どれくらい続けたらいいの？

A

まずは3日間、次に7日間続けてみましょう

東洋医学では、女性の体は7の倍数で変わるといわれています。また、私の経験では、3の倍数で変わる方が多いです。そこで、まずは3日間、次に7日間、続けてみてください。また、毎日決まった時間、というわけでなく、「長いスパンで見て続けていく」ということが大切です。やれなかった日があっても、またはじめたなら継続していることになりますよ。

Q.10

痛いけどガマンしたほうがいい？

A

ガマンは禁物。タオルを巻いて負荷を軽くして

ガマンはしない、がほぐピラを行うときのお約束です。「イタ気持ちいい」や「気持ちいい」はいいですが、「すごく痛い」のにガマンするのはダメ。ローラーにタオルを巻いて負荷を軽くして、少し筋肉がゆるんだら徐々に刺激を強めていきましょう。逆に何も感じない場合はゆるみすぎの可能性も。それ以上ローラーで筋肉をほぐさないように注意を。

Q.11

お腹を浮かせたり、脚を上げたりが全然できません！

A

動かそうとするだけで体は変わります！

本書のモデルさんは軽々とやっているのに、同じポーズができないと悩まなくても大丈夫。筋力が弱く、神経がつながっていないと脳の指令通りに動けないのは当然です。実際にお腹を浮かせることができなくても、「浮かせて！」という指令を脳からお腹に出し続けるうちに徐々に体が思い通りに動くようになります。その変化も楽しんで！

Q.12

「ほぐピラ」のポーズをやると腕や肩に力が入ってしまいます

A

体幹の筋力がつけば腕や肩の力が抜けます

腕や肩に力が入りやすいのは、体幹の筋力が弱くなっているのが原因。腕や肩の強い筋力を使って体を動かそうとしているからそこに力が入るのです。そのため本書のほぐピラでは、腕や肩の筋肉が集まる場所にローラーをあて、筋肉をほぐしながら、体幹を鍛える動きを多く紹介しています。体幹の筋力がついてくれば、腕や肩の力も抜けてきますよ。

Q.13

なかなか変化が出ません。いつになったら体が変わりますか？

A

きちんと睡眠をとれば2～3週間で変わります

数日続ければ、できなかった動きが少しずつできるようになるはず。でも、脂肪が落ち始めるのは2～3週間後くらいからなので、ボディラインの変化を感じるのは半月から1ヵ月後が多いようです。ただし、せっかくほぐピラをはじめても、十分な睡眠をとり、消化器官の働きを戻さないと体は変わりません。

Q.14

妊娠中や産後にやってもいいエクササイズは？

A

専門医の指示に従って行うようにしましょう

妊娠中は必ず専門医の指示に従って行うようにしてください。産後は、専門医にはじめていい時期を聞き、まずは足の裏や足の甲のほぐしなど、やさしい圧のものからはじめるといいでしょう。

Q.15

生理中にやってもいいですか？

A

不快に感じたら行わないで

生理前と生理中、特に腹部にローラーをあてるなどの動きを不快に感じる場合はやめましょう。

生理中でも気持ちいいと感じるならやってもいいですし、やりたくないときには無理にやる必要はありません。

ほぐピラはいつでも「心地いい」と感じることが大切です。

Le Minor

hogupila WORKOUT

STEP7

P128-139

食事、お風呂、睡眠……

心地よい毎日を送るために

ほぐピラをはじめると、体の変化が楽しみになってきます。
せっかくなら、同時に体の中からのケアもぜひ。
体の内側から、もっとキレイを叶えましょう！

STEP7_
心地よい
毎日を
送るために

いつも頭がぼーっとするのは、いい油をとっていないから

「油はダイエットの敵！」と思い込んでいませんか？　そんな方ほど、肌の乾燥やイライラ、いつも頭がぼーっとしていると訴えることが少なくありません。

脳の材料は油。足りなくなれば、当然、頭がぼーっとすることもあるでしょう。また肌の潤いや弾力感のもとになる成分、筋膜をスムーズに動かす潤滑油、そして、大事なホルモンの材料としても、油はとらなければならない栄養素なのです。

ただし、すべての油がよいわけではありません。油で避けたいのは、加工品に含まれる油や酸化した油。外食が多いと、酸化した油が多くなります。「悪い油」を多くとると体は痩せにくくなり、肌はボロボロになる可能性も！　逆に、いい油を

とっていれば、油が肌や筋肉を育むいい栄養になり、キレイを後押ししてくれます。

私がおすすめするオイルは2種類。まず一つめはＭＴＣオイル（中鎖脂肪酸）。この油は、ココナッツやパームが原料の自然由来のオイルです。一般的な油より素早く吸収されて、すぐにエネルギーになりやすいという特徴があります。熱に弱い性質があるので、サラダや飲み物に加えて生でとると、お腹がすきにくくなり、間食やストレスによる過食も減るかもしれません。また便秘や下痢に悩んでいたり、疲れがとれにくい人にもおすすめです。

もう一つは、南アジアで昔から作られていた「ギー」というバターオイル。牛やヤギのバターから、水分やたんぱく質などを取り除いたもので、栄養価の高いオイルです。こちらは熱を加えても大丈夫なので、料理にぜひ利用してみてください。

Hoshino's Select

オーガニックバターで作られた最高級のギー

グラスフェッド（牧草飼育）で育てられた乳牛のバターを、職人が手作業で丁寧に作り上げたギー。品質の高さが評判に。トラディショナルギー 276g ¥2750／リヴィジョン

フィリピン産の100％ココナッツオイルを使用

MCTオイルのパイオニアが作る、天然ココナッツ由来100％の中鎖脂肪酸。脳や体のエネルギー源に。MCTオイル〈オリジナル〉 250㎖ ¥2000／メルローズ

STEP7_
心地よい
毎日を
送るために

ストレスが多いときは マグネシウムが 助けてくれる！

トレーニングを指導していると、多くの方がミネラルの一種、マグネシウムが不足していると感じます。これにはストレスが深く関係しているのです。

マグネシウムは、興奮したときに分泌されるホルモン、アドレナリンが出ると消化されてしまいます。ストレスが多い人は、常に興奮状態にあるようなもの。アドレナリンが出続けることでマグネシウムがどんどん消化されます。結果的にマグネシウムが枯渇して体が酸化してしまうのです。

現代の女性は、仕事にプライベートに育児に、と担う責任が増えています。その分、ストレスをためながらがんばっている人が少なくありません。ストレスを感じている女性ほど、積極的にマグネシウムをとり入れてほしいと思うのです。マグネシウムは、野菜などの食品やミネラルウォーターなどにも含まれています。特に食事で意識したいのは「まごわやさしい」を使った和食中心の食事。ま＝豆類、ご＝ごま類、わ＝わかめなどの海藻類、や＝野菜、さ＝魚、し＝しいたけなどのきのこ類、い＝いも類です。これらの食品をとるように心がけると、ミネラルがバランスよくとれます。また、にがりをごはんを炊くときや飲料水に加えるのもおすすめです。さらに、マグネシウム入りの入浴剤やボディスプレーなどを使って、皮膚からとり入れるのもいいですね。

マグネシウムは水溶性なのでとりだめができません。ですから、食事や入浴で、こまめにとり入れて、体のさびつきを防ぎましょう。

Hoshino's Select

毎日のお風呂で皮膚から マグネシウム補給

純粋な硫酸マグネシウムの結晶を毎日の入浴剤として使って、肌の潤いをアップ。右・エプソルト800g ¥2800、左・エプソルト400g ¥2280／NEHAN TOKYO

塗るマグネシウムで むくみ解消＆疲労回復も

高濃度のマグネシウムスプレーを肌にひとふきするだけで簡単補給。皮膚から乾燥、むくみ、疲労回復を改善！　ボディメディテーションミスト200㎖ ¥5000／EKATO.

STEP7_
心地よい
毎日を
送るために

甘いものがやめられない、お酒が減らせない……その原因は一緒。交感神経の問題です

ダイエットのために甘いものを無理に制限したり、お酒をガマンしたり……。このように、自分に無理を強いるダイエットは続きません。大事なのは、なぜ甘いものがやめられないのか、お酒が減らせないのか……、その原因を知ることです。

甘いものを欲したり、お酒を飲みたいという気持ちは、高ぶる神経をゆるめたいというあなたの体の声。甘いものを食べたり、お酒を飲むと、一時的にハッピーホルモンとよばれるセロトニンが分泌されますし、交感神経も一気にゆるみます。心

を落ち着かせる簡単な手段として、食に走ってしまうのです。

行動を一歩離れてみて、自分自身の本当の気持ちを感じてみてください。がんばりすぎている方々は、感じる力を失っています。だから、無意識のうちに交感神経をゆるめるためだけに甘いものやお酒がほしくなるわけです。

体が正しく甘いものを欲しているときは、ひと口食べただけで「おいしいな」と感じることができます。でも、ただ交感神経をゆるめるためだけに食べているときは味がよくわかりません。だからといって甘いものやお酒は、急にやめなくてもいいんです。例えば、甘いものの力を貸りたいなら、それをわかったうえで必要な分をとりましょう。背中をほぐすほぐピラを行って、体から気持ちをやわらげてあげたら、甘いものを食べる量に変化があるかもしれません。

自律神経のバランスが整って深く眠れるようになれば、甘いものがやめられない、お酒が減らせないなどの悩みも解決すると思います。

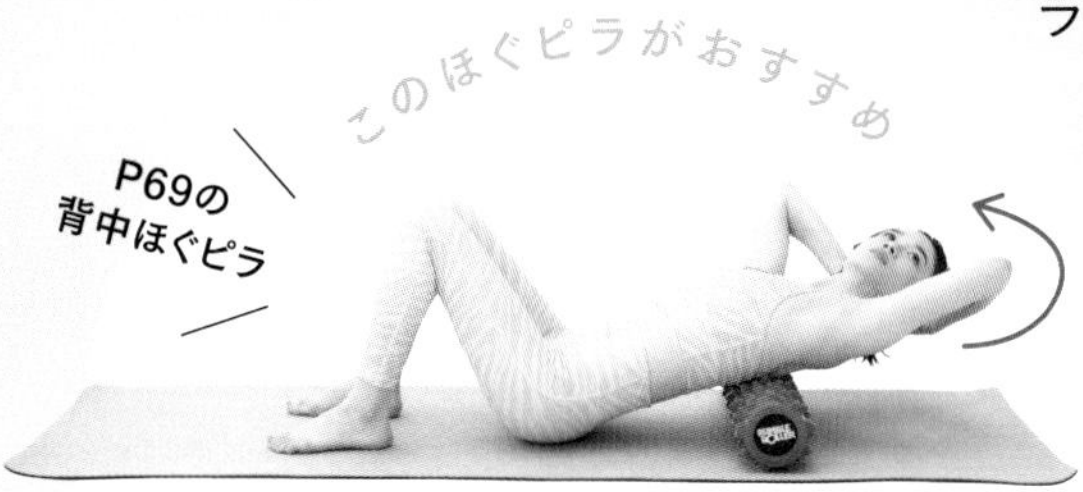
このほぐピラがおすすめ
P69の
背中ほぐピラ

自律神経の通るポイントが集まるブラのホックのあたりにローラーをあてて寝転びます。胸から上を振り子のように左右に動かしこりがほぐれると、気持ちもすっきりしてきます。

STEP7_
心地よい毎日を送るために

ダイエットしたいなら食事は「制限」でなく「整理」して

ダイエットを決意すると、多くの方が「食べる量を減らさなきゃ」と、何かを制限することばかりに意識が向いてしまいます。キレイになりたいなら、それは間違った考え方。ダイエットをはじめたら、食事は「制限」するのではなく、必要なものをバランスよくとるために入れ替えて「整理」をしてほしいのです。

食事は体の原材料。肌も、骨も、筋肉や細胞もすべてこれまでに食べたものでつくられています。その食事が制限されれば、細胞の原材料の全体量が減ってしまうので代謝が落ち、肌が荒れる、太りやすくなるなど体にトラブルが起きるでしょう。

中でも原材料になる栄養の中で大事なのが、脂質、糖質、たんぱく質、水です。この４つと、さらにビタミンやミネラルなどの栄養素がバランスよくとれていれば、体は満たされて、ムダな食欲が起きなくなります。そうなれば、無理な食事制限をしなくても、痩せやすい体になってくるはずです。

寝ないと脂肪は落ちません！

「何をしても痩せません」という方には、「ちゃんと寝ていますか？」とお聞きします。すると「最近眠れなくて……」と答える方がほとんどなのです。その状態では、いくら運動をしても、食事を変えても、残念ながら脂肪は落ちません。

人間の体は寝ている間に副交感神経を優位にして、成長ホルモンを分泌し、体の修復を行っています。運動をした後に修復していい筋肉をつくるのも、脂肪の代謝を上げるのも、寝ている間なのです。つまり、寝ないと脂肪は落ちませんし、ほどよく筋肉のついた痩せやすい体は、質のよい睡眠なしにはありえません。

寝つきが悪い、眠りが浅いと感じていたら、寝る前の行動を見直しましょう。寝る前までスマホを見ていませんか？　液晶画面が交感神経を刺激することや、ＳＮＳを見て不安を感じたり、興奮することも寝つきを悪くする原因。寝る前には間接照明にしたり、ゆっくりとお風呂に入ったりしてリラックスしましょう。

読むだけでやる気がアップする

ほぐピラ語録

星野先生の言葉はどれも「がんばらなくていいよ」というものばかり。それは「ほぐピラ」の理念そのもの。みんなの心にそっと寄り添って、背中を押してくれる、やる気が上がる言葉を集めました。

ボディラインを変えるとき、
「なれたらいいな」ではなく、
「なる！」と強く思うことが大切。
その気持ちに「大きい」も「小さい」もありません。
その気持ちが「ある」か「ない」かの
どちらかなんです。

「ほどよく筋肉がついた、
がんばりすぎない自然体」
こそが美しい体。

みなさん**誰でも同じ人間ですし、**
もともとは同じ設計図で
生まれてきています。その中でも
遺伝子や環境によって現在の体になっているのですが、
どの体が優れているというのはありません。
それぞれのよさがあって、
いつでもさらに体をよい方向へと
向かわせることができるんです。

努力をしたら、**結果は必ず出せる**から。

姿勢が変わると、頭の大きささえも変わります。

体は知れば知るほど奥深いんです。

誰かと比べることより、「よい方向に変われる!」と自分を信じることが大切。そのために、
自分ができることからはじめてみましょう。

自分に合ったレベルで大丈夫。

少しずつレベルアップを目指して!

できる範囲でコツコツ続けて、

小さな変化を見逃さないで!

仕事、家事、育児……

今の女性って、
本当にがんばっています。

そして休むことに罪悪感を持っている方も
たくさんいらっしゃいます。

たまには休むことを
がんばってください!

休むことは自分のためなのですから。

目指すのは、**何もしなくても**
自然によい姿勢になる体。

Epilogue.

みなさんにほぐピラを知っていただけるようになったのは、
忘れもしない新型コロナウイルスによる外出自粛期間中。
その時期に、改めて、私にできることは何かと真剣に考えました。
そして、セルフでできるメンテナンス法を通して、
「体と向き合うことの大切さ」を伝えることだと思い至ったのです。
今は健康そうに見える私ですが、これまで数々の不調を抱えてきました。
幼少期からアトピー性皮膚炎、白斑、気管支炎、円形脱毛症……。
働くことに夢中になっていた頃は、逆流性食道炎や慢性的な便秘など、
あげればきりがありません。
でもそのおかげで、自分の状態さえ整えておけば、どんな流れにも
うまく身を任せることができることを知りました。
体をよい状態に保っていれば、まわりにもそれが伝わっていきます。
体を整え、心を整えれば、健康で幸せな人生を送ることができます。
さらにまわりまでも幸せにすることができると思うのです。
それは年齢や性別はまったく関係がありません。
「今」どう選択するかは、私たちの自由です。「今この瞬間」から
自分を大切にする、いたわってあげようと決めることができるのです。

そんな私も、時に仕事に夢中になりすぎて、
自分をなおざりにしてしまうことが今もあります。その自戒も込めて。
本書が自分の体をいたわることに目を向けるきっかけになったら、
とても嬉しく思います。

最後に、今回の書籍の出版にあたり、本書がみなさんの手元に届くと
いうことまでを考えて本作りをしてくださった担当の岡部奈央子さん、
私が日々アップデートしていく内容をギリギリまで反映させようと
努めてくださったライターの山本美和さん、多くの方に思いを届けたいという
気持ちを後押ししてくださった講談社ＶＯＣＥ編集部のみなさん、そして
ご協力くださったすべてのお客様、私が尊敬する業界のエキスパートであり、
私のヘア・ボディのメンテナンスで後押ししてくださっている
先生方に感謝申し上げます。
そして、いつも私のやりたい仕事を大切にさせてくれる最愛のパートナーと
可愛い小さな天使たち、家族に、私のまわりの愛のあるみなさんに
感謝の気持ちと愛を込めて。

星野由香

HOSHINO'S SELECTED ITEMS

ほぐピラに役立つアイテム

本書で使用している道具をはじめ、ほぐピラを行うときに役立つアイテム。
体を動かしたくないときは、パックやボディローラーでケアを続けよう。

| ITEM:01 | ★

**ほぐピラの必需品
突起つきローラー**

筋肉を奥までほぐせる突起つき。右・ランブルローラーショートサイズ￥5864、左（本書で使用）・同ミドルサイズ￥8400

| ITEM:02 | ★

**バッグに携帯して
いつでもほぐピラ**

足裏や腕など、狭い部位をピンポイントでほぐすのに便利。上・ビースティーボール（ハード）、下・同（ソフト）各￥3091

| ITEM:03 | ★

**2つのボールが
転がって適度な圧が**

ボールの間の幅を調整でき、首や腰にも使える。上・ダブルピーナッツ・ビースティーボール（ハード）、下・同（ソフト）各￥4500

| ITEM:04 | ★

**負荷を軽くしたいとき
におすすめ**

高さ15cmの台形の台。筋力が少なくてもローラーをのせれば、負荷を軽くすることができる。ムーンボックスライト￥10000

| ITEM:05 | ★

**骨盤を立てる感覚
を身につける**

腰に巻き、ひざにかけて座ると骨盤を立てる感覚が身につく。腰痛の人にも。バックルを外すと内もものトレーニングに。ラクナール￥9250

| ITEM:06 |

**5種の金属鍼が
全身の血行を促進**

敏感肌にも安心な金属鍼を272本もセット。全身に転がして、ハリのある肌に！　ボディメディテーションローラー￥20000／EKATO.

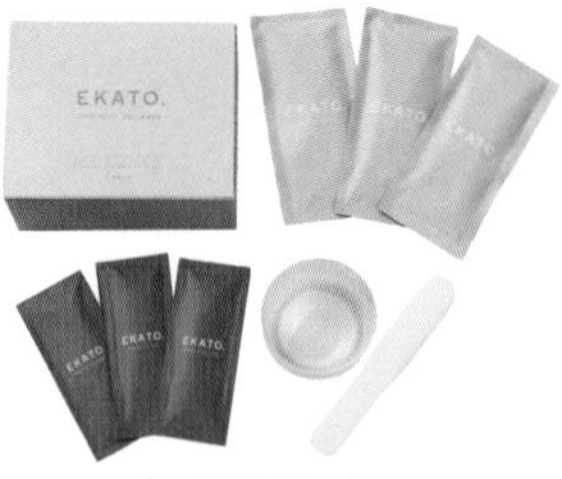

| ITEM:07 |

**長時間の炭酸ガスパックで
肌の代謝を底上げ**

約60分もの長時間、炭酸ガスを発生することを可能にしたパック。赤ちゃんのようなぷるぷる肌に。プレシャス ジェルパック 3回分￥4500／EKATO.

★がついている商品は、オンラインストア https://fitnesslifeplan.com/より購入できます。

STAFF

PHOTOGRAPHS:

岩谷優一（vale.）
伊藤泰寛（静物、P32-33、P41、P71、P123）
目黒智子（P7）　杉山和行（P7）

HAIR&MAKE-UP:

AYA（LA DONNA）
イワタユイナ（P32-33、P41、P71、P123、動画）

STYLING:

滝沢真奈

MODEL:

宮城 舞

ART DIRECTION:

松浦周作（mashroom design）

DESIGN:

堀川あゆみ、高橋紗季、青山奈津美、田口ひかり（mashroom design）

ILLUSTRATION:

itabamoe

MOVIE SHOOTING:

森 京子　杉山和行

MOVIE EDIT:

森 京子

TEXT:

山本美和

P003
タンクトップ¥4909(Dharma Bums)、レギンス¥9818(Glyder)／KIT　イヤリング¥10000／エテ

P32-33、P41、P71、P123、動画
タンクトップ／私物　ブラ¥6545(ONZIE)、レギンス¥12181(Varley)／KIT　ソックス¥2091／toesox

P58-59、P89-105、P109-113、P118-121
ブラトップ¥7090、レギンス¥9818／KIT(Emily Hsu)

P61-69、P75-85
ブラトップ¥7090、レギンス¥9818／KIT(L'URV)

P72、P86-87
ブラトップ¥7200、レギンス¥8100／emmi(emmi yoga)

P38、P42-43、P128-129
カットソー¥11000／ゲストリスト(ルミノア)　エプロン／スタイリスト私物　ピアス¥4800、ネックレス¥6900／durer

P44-47
シャツ¥30000／サザビーリーグ(フランク&アイリーン)　パンツ¥14000／ゲストリスト(ヘルシーデニム)　イヤリング¥10000／エテ

※本書に掲載されている情報は2020年12月時点のものです。
商品やブランドについての情報は、変更になる場合があります。
また、商品価格はすべて本体価格（税別）表示です。

P48-53
オールインワン¥17000、タンクトップ¥4200／ジジョン(+FOUR CORNERS)　ピアス¥20000／エテ

P54-57
カットソー¥17000／サザビーリーグ(ユニオンランチ)　デニム¥19000／ゲストリスト(レッドカード)　ピアス¥36000／durer

P107、P114-115
ブラトップ¥8000、レギンス¥9818／KIT(L'URV)

問い合わせ先

EKATO.	https://ekato.online/
エテ	0120-10-6616
emmi	https://emmi.jp
KIT	https://kitstore.jp
ゲストリスト	03-6869-6670
サザビーリーグ	03-5412-1937
ジジョン	03-3780-0891
durer	durer.jp@gmail.com
toesox	https://www.toesox-japan.com/
NEHAN TOKYO	03-6433-5589
メルローズ	https://melrosehealth.jp/
リヴィジョン	03-5988-9917

星野由香（ほしの ゆか）

profile

パーソナルトレーナー。東海大学体育学部卒。学生時代より、人間が健康で美しくいるための人体構造に興味を持ち、西洋医学、東洋医学の両面から体の仕組みを探求。その理論とパーソナルトレーナーとしての実践経験をもとに、「ほぐし」と「ピラティス」を融合した独自のメソッド「ほぐピラ」を考案。多くのモデル、女優など著名人のボディを要望通りに変える、今、最も予約のとれないカリスマトレーナーとしてメディアに引っ張りだこ。

Instagram　yuka.hoshino222
Twitter　@Heartily0301

ほぐピラ WORKOUT《ワークアウト》
「ほぐす」＋「ピラティス」がいちばん痩《や》せる！
2021年1月20日　第1刷発行
2021年2月10日　第3刷発行

著者　星野由香《ほしのゆか》
発行者　渡瀬昌彦
発行所　株式会社 講談社
〒112-8001
東京都文京区音羽2-12-21
電話　編集 ☎03-5395-3469
販売 ☎03-5395-3606
業務 ☎03-5395-3615

印刷所　凸版印刷株式会社
製本所　大口製本印刷株式会社

本書でご紹介したエクササイズの効果には個人差があります。持病をお持ちの方や通院されている方は、事前に主治医とご相談のうえ行ってください。エクササイズにおいて生じた負傷や不調については、一切責任を負いかねますのでご了承ください。
動画の再生には、別途通信料がかかります。動画は、予告なく内容を変更することや終了することがあります。QRコードは、株式会社デンソーウェーブの登録商標です。

ISBN 978-4-06-521473-2

ス

痩せたいけど時間がないし、何をやっていいかわからない。
そんなときは、毎日5分ずつの脂肪燃焼コースにトライ。
はじめは写真と同じ動きができなくても大丈夫。毎日続けて
できるようになった頃には、体が引き締まっているはず！

動きの流れを
動画でチェック！

1 足裏ほぐし&女神スクワット

→ P050

お尻をキュッと
締めるような意識
が大事

っほぐピラ

→ P094

上げる脚は
小さく動かして
徐々に大きく

4 鎖骨下ほぐピラ

→ P082

首は長く！
顔のむくみも
とれます

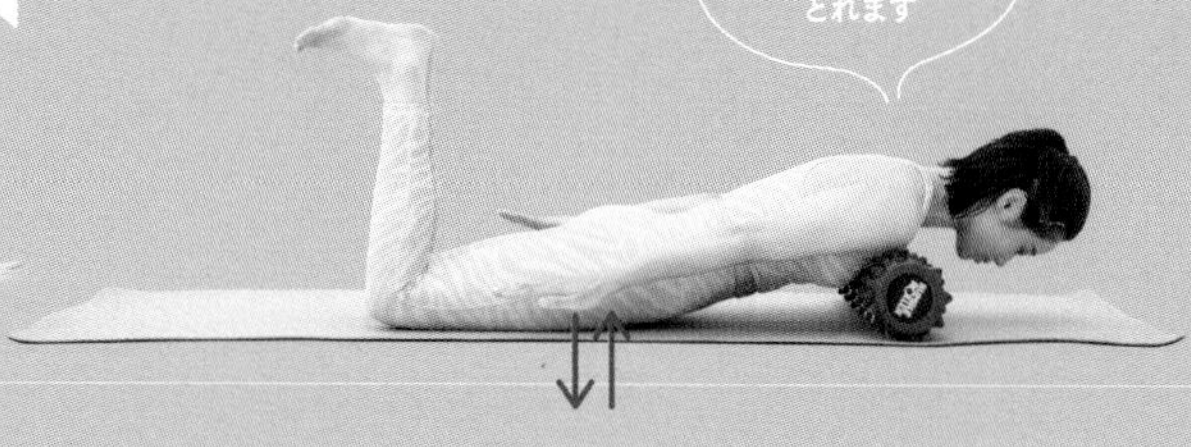

もも ピラ

→ P104

腕と内もも
を同時にほぐして
引き締めます

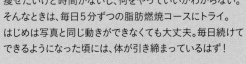

睡眠の質が上がる! リラックスコー

2 足の甲ほ

足の甲
すねの内
ゴロゴ

3 わきほぐピラ

P062

わきをほぐすと肩こりもラクに!

5 肩甲骨ほ

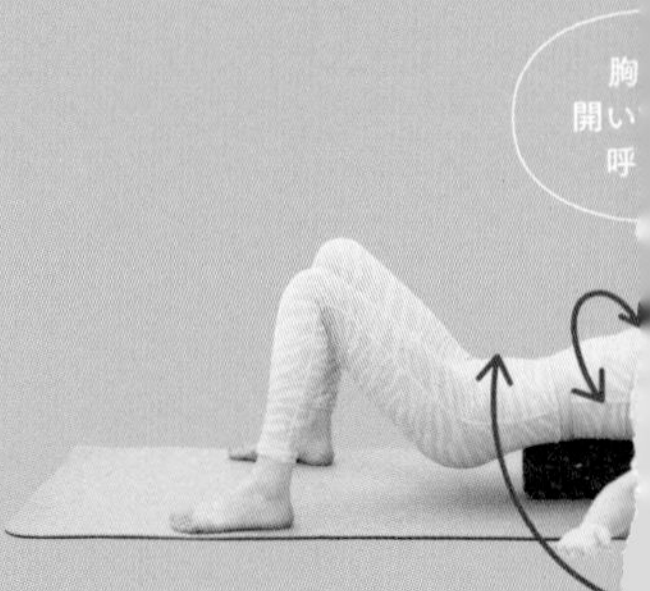

胸
開い
呼

+α

頭と首の緊張を取り除く!

首ほぐピラ

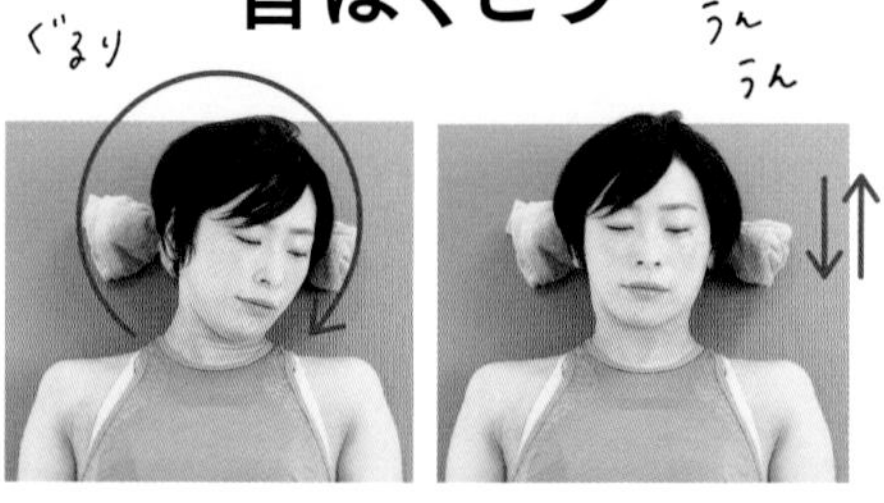

ぐるり
うんうん

P071

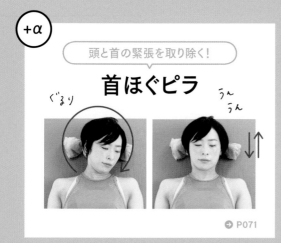

目的別 ほぐピラ10分プログラム

10分程度でできる2つのプログラム。切り取ったら手元に置いて毎日の習慣に。詳しいやり方を各ページでチェックしてから行いましょう。

ース

一日中緊張が続いたとき、何となく疲れが
抜けないときなど、体のこわばりを取り除いて、
心身のリラックスを促すプログラム。
寝る前に行うと睡眠の質が上がります。

動きの流れを動画でチェック!

1 足裏ほぐし&ひざ揺らし

➔ P052

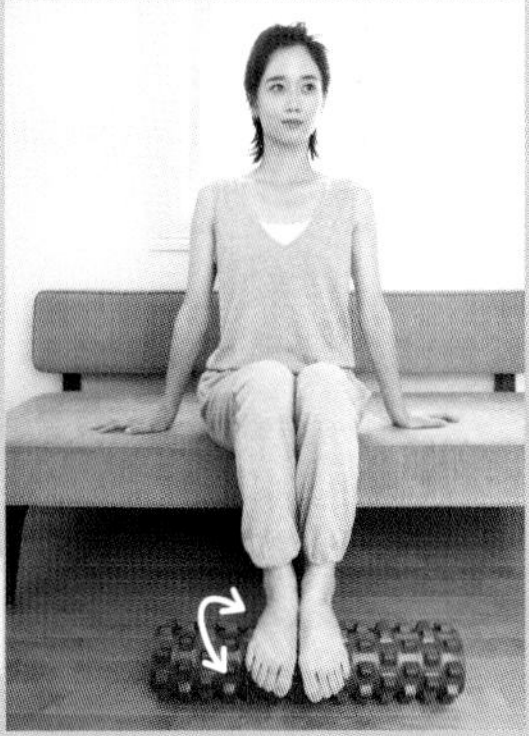

疲れがたまった足裏や股関節をほぐします

ほぐピラ

➔ P054

ら
側を
ロ

4 背中ほぐピラ

➔ P066

背中をほぐすと呼吸が深くなります

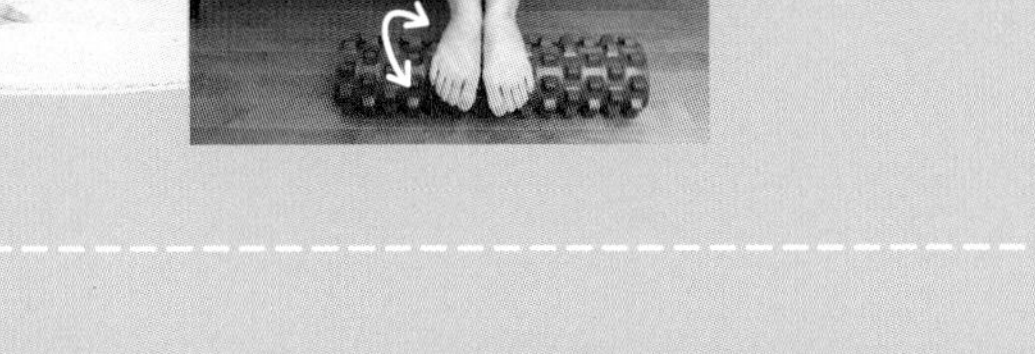

ほぐピラ

➔ P080

を大きく
て腕を回し
吸を深く

時短でできる! 脂肪燃焼コー

3 二の腕 ほぐピラ①

➔ P076

腕の動きを
変えて全体を
ほぐします

2 内も

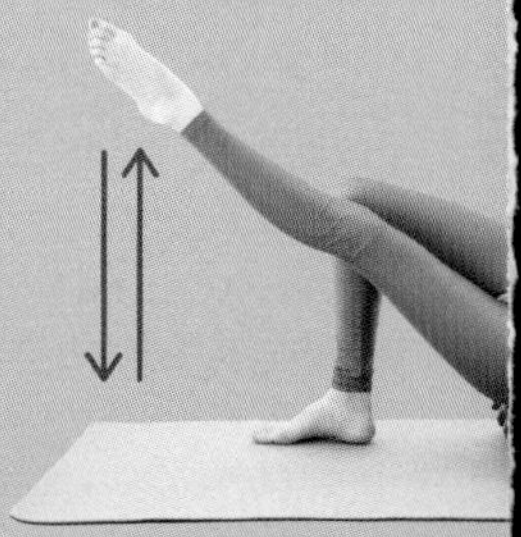

6 お尻ほぐピラ①

➔ P110

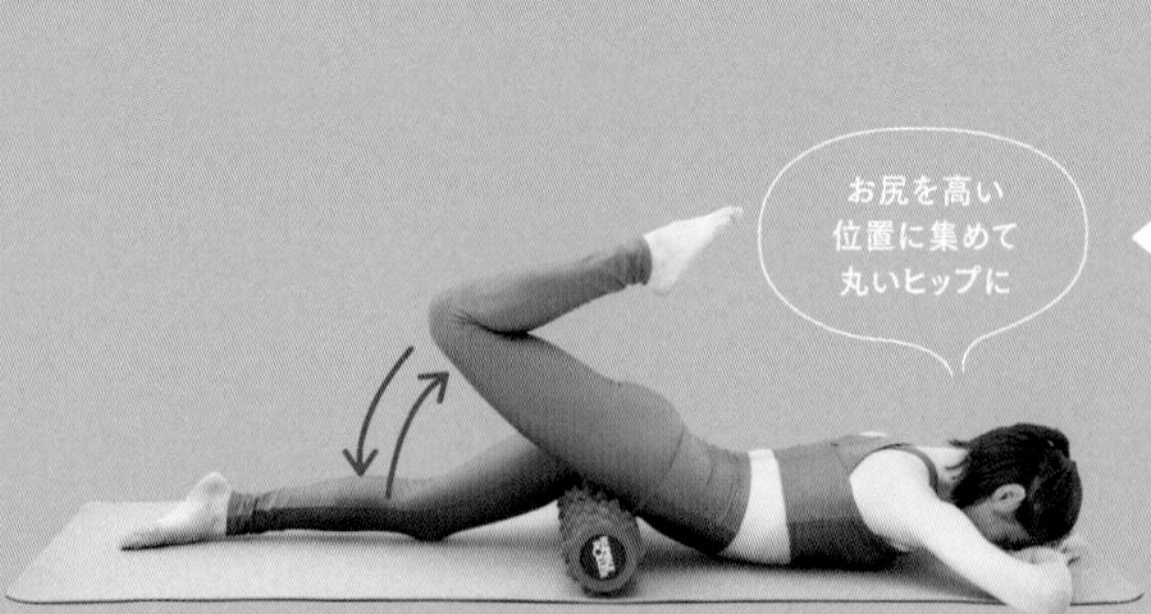
お尻を高い
位置に集めて
丸いヒップに

5 腕・内
ほぐ

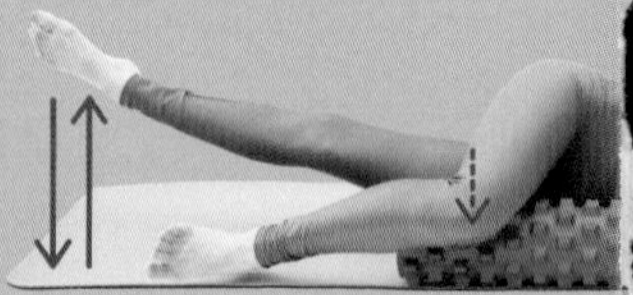